1천 명의
팬을
만들어라

결코 망하지 않는 마케팅의 비밀!

1천 명의 팬을 만들어라

초 판 1쇄 2018년 07월 23일

지은이 안태용
펴낸이 류종렬

등록 2001년 3월 21일 제2001-000040호
주소 서울시 마포구 양화로 133 서교타워 711호
전화 02) 322-7802~3
팩스 02) 6007-1845

펴낸곳 미다스북스
총 괄 명상완
책임편집 이다경
블로그 http://blog.naver.com/midasbooks
전자주소 midasbooks@hanmail.net

© 안태용, 미다스북스 2018, *Printed in Korea*.

ISBN 978-89-6637-582-0 03320

값 **15,000원**

결코 망하지 않는 마케팅의 비밀!

1천 명의 팬을 만들어라

안태용 지음

미다스북스

1천 명의 고객을 어떻게 행복하게 할 것인가?

고객을 먼저 생각하라

고객은 기업의 전제조건이다. 창업을 하기 전에도 미리 고객을 생각해야 한다. 고객에 대한 생각과 이해 없이 창업하는 것은 목적 없이 떠다니는 부평초와도 같다. 잘나가는 기업들을 보면 하나같이 고객을 먼저 생각한다. 아마존이 인수한 자포스는 항상 고객의 입장에서 일을 처리한다. 매뉴얼도 별도로 없다. 있다면 직원 스스로 고객의 입장에서 무엇이 가장 만족스러운 방법인가를 생각하고 응대하는 게 전부다.

이렇게 하면 당장은 손해가 나고 악용하는 고객이 많을 거라고 생각할 수 있다. 기업들은 숫자를 가지고 경영을 하지만, 고객들은 감성으로 소비하는 경향이 강하다. 그래서 자포스와 같이 고객을 최우선으로 하는 기업은 숫자적인 기대와는 전혀 다르게 성장하고 발전해간다. 고객은 숫자가 아니고 바로 감성이기 때문이다. 특히 고객과의 분쟁에서 논리나 이성적인 사고로 이겼다고 하더라도 진정 이긴 것은 아니다. 이런 상황에 처하면 고객은 떠난다. 떠난 고객은 매출과 수익도 함께 경쟁사로 가지고 간다. 떠나는 고객은 20명에게 기업에 대한 불만을 얘기하고, 이들은 또 각각 5명에게 기업에 대한 부정적인 이미지를 전파한다. 그래서 우리는 한 명의 고객 뒤에는 100명의 잠재고객이 있음을 명심해야 한다. 이것이 바로 우리가 고객을 먼저 생각하고, 고객에게 집중해야하는 이유이다.

마케팅은 소통이다

고객에게 집중하기 위해서는 마케팅의 방법도 남달라야 한다. 지금까지 대부분의 기업들이 마케팅이라고 하면 으레 많은 비용의 투자를 생각했다. 하지만 지금은 마케팅의 패러다임도 많이 바뀌었다. 대표적인 것이 바로 SNS를 이용한 마케팅이다. 이러한 마케팅은 서로의 소통을 전제로 한다. 요즘 고객들은 홍보나 광고 내용보다는 구매후기를 보고 구매를 한다. 특히 친척이나 지인들의 사용 후기는 신뢰도를 높여서 구매로 이어질 수 있다. 고객과의 소통의 창구가 블로그, 유튜브, 인스타그램 등의 SNS이다. 이제는 SNS가 선택이 아닌 필수의 시대가 되었다. 친구나 지인과 하는 SNS가 수익을 창출할 수 있는 마케팅의 수단으로 확장되어 있다는 점을 명심해야 한다.

고객은 흔히 뜨내기고객과 충성고객으로 구별된다. 상위 20%의 고객이 전체 매출의 80%를 차지한다. 상위 20%, 즉 충성고객들이 매출과 수익에 기여하는 역할은 엄청나다. 그런 만큼 우리가 제공하는 혜택이나 서비스도 당연히 차별하여 제공하여야 한다.

매출에 기여하는 정도가 뚜렷한 차이가 있는데도 불구하고 제공하는 혜택을 똑같게 할 수는 없다. 물론 겉으로는 평등하게 고객을 대우하는 것처럼 보일 수 있다. 그러나 면밀히 들여다보면 그것은 획일적인 평등일지는 몰라도 실질적인 불평등을 초래한다. 실질적 평등을 위해서는 차별적 대우가 필요하다. 또한 고객을 등급화하여 차별화 전략을 통해 고객들의 등급 상향을 위한 스스로의 동기 부여를 유도할 수 있다.

신규고객을 유치하는 데엔 기존고객을 유지하는 비용의 8배 이상이 든다고 한다. 이러한 비용을 들여서 유치한다고 하더라도 신규고객이 충성고객으로 될 확률은 높지 않다. 신규고객에게 몰두하기보다 기존 충성고객을 우대하면 더 많은 매출이 가능하고, 충성고객들은 주변 지인들을 통해서 신규고객을 유치할 수도 있다. 충성고객이 유치한 고객이 새로운 충성고객이 될 확률이 훨씬 높다. "굴러온 돌이 박힌 돌 빼낸다."는 말처럼, 신규고객을 유치하려다가 기존 충성고객이 이탈하는 우를 범해서는 안 된다.

고객의 니즈를 만족시켜라

요즘의 대세는 4차 산업혁명이다. 새로운 기술의 도입으로 전에는 없던 제품들이 쏟아져나오고, 편리성과 가성비가 검증되면서 폭발적인 관심을 얻고 있다. 그런 만큼 이 분야의 산업도 우후죽순처럼 생겨났다.

4차 산업혁명도 그 동안 잠재되어 있던 고객니즈의 응집된 폭발력이다. 기업은 자신들의 상품이나 서비스에 대한 고객들의 수요를 먼저 파악해서 공급을 해야 한다. 기업이 아무리 투자를 많이 하고 심혈을 기울여 만든 제품이라도 고객이 원하지 않는 제품이면 재고로 남거나 폐기처분될 확률이 높다.

고객의 니즈가 기업의 목표가 되고, 상품과 서비스의 방향이 되어야 한다. 기업은 항상 고객의 니즈를 찾아서 상품과 서비스로 실현시켜야 한다. 이렇게 니즈가 현실화 될 때 고객들은 기꺼이 구매를 한다. 고객의 니즈는 잠재된 상품과 서비스의 본질이며, 미래의 상품과 서비스의 청사진이다. 미래를 선점하기 위해서는 고객의 니즈를 먼저 파악하고, 니즈에 맞는 상품과 서비스를 준비해야 한다. 이것이 바로 미래를 선점하는 것이다.

이것은 기업의 내부 경영에 대한 문제가 아니라, 대 고객관계에서의 접근법이기 때문이다. 고객을 알지 못하면 고객이 원하고, 만족해하는 상품과 서비스를 제공할 수 없다. 잘 나가는 기업들은 빠르게 고객들의 니즈를 파악하고 거기에 맞는 상품과 서비스를 제공한다. 항상 기준은 고객이 되어야 한다. 현재 건재한 기업들 중 3%만이 진정한 고객중심 마인드로 고객들의 니즈를 상품과 서비스에 반영한다고 한다. 달리 말하면 고객의 니즈를 빨리 파악하여 미래를 독점할 수 있다.

2018년 7월 안태용

목차

1장 | 집중   1천 명의 팬을 어떻게 만들 것인가?

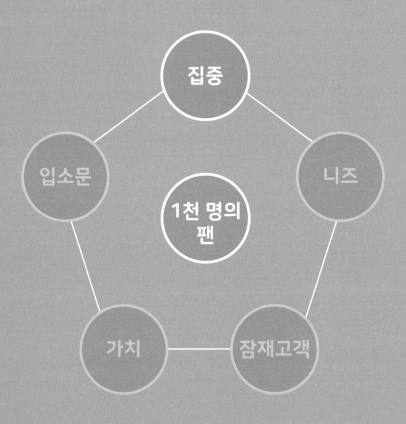

👍 1장

1천 명의 팬을
어떻게 만들 것인가?

- **확실성의 원리**
  손 안의 새 한 마리가 덤불 속 두 마리 보다 낫다.

1. 고객의 마음을 읽어라

강력한 이유는 강력한 행동을 낳는다.
- 윌리엄 셰익스피어

줄을 서서 먹는 데는 이유가 있다

당신은 이유 없는 행동을 해본 적이 있는가? 나는 지금껏 그렇게 해본
적이 없다. 아마 나뿐만 아니라 모든 사람이 이유 없는 행동을 하지 않을
것이다. 밥을 먹는 것도 몸에서 오는 허기감과 배고픔을 해결하기 위해
서다. 하품이나 눈 깜빡거림도 우리의 무의식 속에서 피곤함과 눈의 침
침함으로 일어나는 반사 행동이다. 이렇게 반사적인 행동이나 충동적인
행동도 다 이유가 있는 법이다. 생활 속 행동에는 반드시 그 이유가 있
다. 하물며 우리가 물건을 살 때에도 이유는 있다.

최근에 '먹방'이 인기다. 그런 식당들은 대부분 문전성시를 이룬다. 나도 한번 그런 맛집을 찾아갔다. 모두 싫은 기색 하나 없이 TV에 나왔던 얘기를 하며 기대하고 있었다. 나도 덩달아 은근히 기대를 했다. 자리에 앉아서 홍어삼합에 굴이 포함된 사합이란 메뉴를 주문했다. 한 입 먹고 놀랐다. 굴을 현지에서 직접 공수해오니 싱싱해서 좋고, 식감과 시원함이 단연 최고였다. 정말 줄 서서 먹어도 후회하지 않을 맛이었다.

사람들이 줄을 서서 먹는 데는 다 이유가 있다. 낯선 곳에 가서 뭘 먹을지 모르면 손님 많은 집을 가라는 말이 이해가 간다. 사람의 입맛이나 취향은 대체로 비슷하다. 그래서 어떤 집은 문전성시를 이루는데, 어떤 집은 파리만 날리기도 한다. 광고나 홍보를 잘 한 효과도 있을 수 있다. 무엇보다도 음식이나 상품이나 서비스 자체가 탁월해야 가능한 얘기다. 인테리어가 아무리 잘 되고, 직원들이 친절하더라도 음식 맛이 형편없다면 사람들은 두 번 다시 찾아오지 않는다. 고객을 오게 하는 광고도 한계가 있기 마련이다. 차라리 고객을 찾아가지 말고, 고객이 찾아오게 하는 방법을 찾는 게 훨씬 낫다. 물론 그렇게 하려면 고객의 니즈를 알아야 하고 거기에 맞는 상품과 서비스를 준비해야 한다.

나는 혼자 차분히 요모조모 살펴보고 스스로 판단해서 마음에 들 때 구매하기를 좋아한다. 의류 매장에 가면 여기저기서 호객행위를 한다.

직원들은 고객을 배려한다고 생각하지만 오히려 불편하다.

"고객님! 이 제품은 신상입니다."
"고객님, 이 상품 지금 핫한 겁니다. 고객님 사이즈 딱 하나 남았습니다!"

이런 식으로 선택에 대한 적당한 압박이 들어온다. 나 역시 직원이 재촉하는 분위기에 휩쓸려 충동적으로 구매를 결정한 적이 있다. 집에 와서 입어보면 그다지 맘에 들지 않는다. 그래서 반품을 하러 가는 일이 잦다. 그러니 물건을 팔 때는 먼저 고객의 성향과 취향을 제대로 파악한 후에 딱 맞는 추천을 해야 한다. 그렇지 않으면 나처럼 우선 구매한 후에 후회하는 일이 생긴다.

나는 이런 이유 때문에 백화점 가기를 꺼려한다. 그래서 요즘은 주로 인터넷 쇼핑몰을 이용한다. 인터넷 쇼핑몰은 장소적인 제약 없이 모니터 화면 내에서 모든 게 처리된다. 시간만 투자하면 모든 쇼핑몰을 둘러 볼 수 있다. 특히 요즘은 해외 직접 구매가 가능해져서 전 세계의 모든 매장을 둘러보고 구매할 수 있다. 쇼핑을 할 때 직원들이 졸졸 따라다니며 의견을 주는 것은 자유로운 결정에 방해가 된다. 쇼핑의 즐거움은 마음대로 보고 고를 수 있는 것이다.

결정과 판단에 간섭하면 불쾌하기가 이를 데 없다. 자유로운 의사로 결정해야 만족스런 구매가 된다. 그렇지 않고 직원이나 주변의 간섭으로 인해 혼란한 상태에서 구매한다면, 그 당시에는 만족할지 모르지만 돌아서서 후회하는 경우가 많다. 행동의 원인은 내면의 충분한 동기 부여에 의한 것이어야 한다. 군중 심리나 끌려 다님에 의한 행동은 불만족스럽고 반발이 생길 수 있다. 고객에게 막연히 친절하기만 한 행동은 잘하는 것이 아니라고 생각한다. 고객의 특성에 맞는 친절 서비스를 하는 게 현명하다. 하지만 나와 반대되는 성향의 고객들에게는 직원들의 상세한 설명과 권유가 필요할 수 있겠다.

고객의 마음이 편해야 지갑을 연다

어느 마트에서는 카트나 장바구니를 2가지로 구분해서 운영한다. 직원의 안내나 권유를 원하는 고객과 그렇지 않은 고객을 파악하기 위해 색깔을 구별해서 비치한다. 고객들은 그 두 가지 여부를 생각해서 카트나 장바구니를 고른다. 권유를 원하는 카트나 장바구니를 들고 다니는 고객에게는 직원들이 적극적으로 나서서 설명이나 안내를 도와준다.

반대로 권유를 원하지 않는 색깔의 카트나 장바구니를 들고 다니면 고객이 문의하기 전까지 먼저 다가서지 않는다. 별것 아닌 것 같은데 획기적이다. 이렇게 운영하였더니 실제로 찾는 고객이 늘었고 매출도 늘었다고 한다.

이런 방식은 누구나 다 환영한다. 그래야 한 번 온 고객도 다시 찾고 단골고객이 된다. 이러한 사소한 배려를 할 때 고객은 만족할 수 있다. 물건을 사주는 사람은 고객이지 직원이 아니다. 물건을 사는 고객의 마음이 편해야 자주 찾게 되고 지갑을 열게 된다. 내 취향을 배려 받는다는 느낌이 들 때 마음이 열린다. 한때 물건이 없어서 못 팔던 시대가 있었다. 그때는 물건을 만들어 놓기 무섭게 팔려 나가고, 미리 예약까지 해서 사가는 정도였다. 지금은 워낙 기술이 발달하여 흔한 게 물건이다. 즉 사가는 사람은 일정한데 물건은 끊임없이 만들어진다. 그러기 때문에 같은 물건이라도 사고자 하는 사람의 구미가 당기게끔 서비스로 포장을 해야 한다. 동일한 물건을 사더라도 더 친절하고 마음이 편한 가게에서 사고픈 게 사람의 마음이다.

예전에는 상품을 진열해놓고 판매했는데, 요즘은 고객들에게 체험할 기회를 주는 경우가 많다. 먼저 상품을 맛보고 느끼게 한 후에 고객이 선택하게 한다. 대형 마트에는 시식 코너가 많다. 모든 식품을 시식으로 제공하는 것은 아니다. 제품에 자신이 있거나 특별한 이벤트를 하는 경우에만 시식 행사를 한다. 시식을 통해 미리 상품을 체험하게 되면 자기 입맛에 맞는지를 확인하고 구매를 한다. 이처럼 시식 기회를 제공했을 때의 매출이 하지 않을 때의 매출보다 훨씬 높다고 한다. 시식을 함으로써 고객들은 제품에 대해 검증하게 되고 그것이 바로 구매로 이어진다.

이런 체험이 광고나 홍보보다 훨씬 더 큰 효과가 있다. 고객 체험을 위해서는 고객 취향을 잘 겨냥해서 제품을 만들어야 한다. 특히 다른 경쟁사 제품보다 탁월해야 한다. 그렇지 않고 대충 만들어 놓은 뒤 체험을 하게 하면 하지 않은 것만 못한 결과를 초래할 수 있다.

동네 상가 입구에 보면 트럭에 과일을 싣고 와서 산지직송이라며 파는 경우가 있다. 시식도 하게 한다. 안 하는 것보다야 낫지만, 조금 더 세련되게 서비스하면 더 많은 사람들이 사지 않을까 생각될 때가 많았다. 내상황이 이러하니 어쩔 수 없다는 식으로 고객에게 변명하면 안 된다. 고객은 같은 물건을 사더라도 제대로 된 서비스를 받으며 사고 싶어 한다. 동정을 해서 물건을 사간다는 생각은 오산이다. 예전에는 그런 식으로 장사를 하는 경우도 있었다. 그러나 지금은 시대와 상황이 바뀌었다. 적극적으로 고객의 마음을 얻어서 고객이 사게끔 하는 장사를 해야 한다. 어쩔 수 없다는 듯 행동하다가는 어쩔 수 없이 망하게 된다.

고객들은 몇 개의 제품을 비교해서 자신에게 가장 적당한 것을 고르게 된다. 고객의 마음이 열려야, 고객의 지갑이 열린다. 고객의 마음을 얻기 위해서는 고객을 이해해야 한다. 고객을 이해하는 것은 먼저 고객이 우리 제품을 필요로 하는가에 대한 고민부터 해야 한다. 고객이 구매하는데에는 반드시 이유가 있다. 그 이유가 바로 고객의 니즈이다. 그렇기 때문에 고객에 맞는 니즈를 파악하여 상품과 서비스를 제공해야 한다. 고객이 구매를 하는 분명한 이유를 먼저 파악해야 한다. 내가 만든 상품과 서비스만을 보면 안 된다. 고객을 먼저 보고 고객의 입장에서 어떤 것을 원하는지 파악해야 한다. 고객의 구매 행동에 반드시 있는 이유, 그것을 먼저 찾아야 한다.

1. 고객의 마음을 읽어라

고객은 누구나 자기만의 개성과 취향이 있다.

물건을 구매하는 경우에도 내면 깊숙이 자리잡은 개성과 취향에 이끌려 구매한다. 무조건 물건을 팔려고 해서는 안 된다.

고객이 구매를 하는 이유를 먼저 파악해야 한다. 그 이유는 상품 자체일 수도 있고, 서비스나 직원의 친절 때문일 수도 있다.

호객행위는 오히려 독이 될 수 있다.

고객이 먼저 다가올 수 있는 상품과 서비스를 개발해야 한다.

2. 한 발 먼저 배려하라

결코 디테일을 소홀히 하지 말라.
- 콜린 파월

커피가 뜨거우니 주의하세요

입사하고 얼마 되지 않았을 때였다. 컴퓨터는 PC방에서 접했기 때문에 인터넷이나 키보드는 익숙했다. 팀장님이 갑자기 부르시더니 "이 보고서 3부씩 복사 좀 해주세요."라고 하셨다. 신입의 패기로 자신 있게 큰소리로 알겠다고 복창했다. 서류를 받아들고 복사기 앞으로 갔다. 입사 전에는 문구점에서 돈을 내고 복사를 했었다.

막상 복사기 앞에 서니 막막했다. 어떤 버튼을 누르고 작동시켜야 할지 도무지 알 수 없었다. 그렇다고 사용설명서가 놓여 있지도 않았다. 내 모습을 지켜보고 있던 팀 선배가 내게로 다가왔다. 그리고는 복사기 작동에 대해서 하나하나씩 친절하게 설명을 해주었다. 그때 선배는 내 당황함을 읽고 있었나 보다. 내겐 그 선배가 구세주나 다름없었다. 시간이 지나서 선배에게 그때 일을 이야기하니 선배는 전혀 기억을 못했다.

반복되는 일상에서 무의식적으로 베푸는 배려가 누군가에는 구세주와 같을 수 있다. 질서정연한 생활 속 일상은 익숙한 반복의 연속이다. 하지만 누군가에게는 전혀 생소하고 낯선 신천지가 될 수도 있다. 내가 처음 복사기를 대했을 때의 그 당황함은 이루 말할 수 없었다. 캄캄하기만 하고 전혀 앞이 보이지 않는 상황에서 누군가의 스쳐가는 한마디가 사람을 살릴 수 있는 생명수가 된다. 살아가면서 감동받는 일이 종종 있다. 그러한 감동은 로또에 당첨되었거나 사업에 크게 성공했을 때일 수도 있다.

그러나 그러한 기회가 일어날 확률은 얼마나 될까? 그런 것보다도 소소한 일상 속에서 얻는 마음의 감동이 훨씬 더 많다. 직장에서 복사기 사용법을 가르쳐 줬을 때, 낯선 곳에서 친절하게 길 안내를 해줄 때가 그렇다. 누군가에게는 대수롭지 않은 일이 나에게는 엄청나게 귀중한 정보가 된다. 큰 것이 아니더라도 가장 절실한 것을 제때 제공 받을 때 우리는 만족과 감사를 느낀다.

고객을 대할 때도 마찬가지다. 고객에게 뭔가 대단하고 특별한 큰 것 한방을 제공해서 만족시키려 하면 안 된다. 소소한 일상에서 반복적인 만족을 줄 때 고객은 가장 큰 만족을 얻는다. 나 또한 비 오는 날 식당에 두고 왔던 우산을 돌려받았을 때 큰 감동을 받았다. 흔한 우산이지만 내 것임을 기억하고 돌려준 배려심에 감동받은 것이다.

요즈음 대한민국은 커피공화국을 방불케 한다. 빌딩마다 1층엔 웬만하면 커피숍이 들어서 있다. 사회 분위기가 그러니 나도 덩달아서 커피를 즐겨 마신다. 친구를 만나기로 했는데 여유가 1시간이나 더 남아 있었다. 주변을 두리번거리다가 가까운 커피숍으로 갔다. 온종일 업무 때문에 지친 몸을 쉬기도 할 겸, 하루의 피로를 쓴 커피 향으로 날리고 싶었다. 커피를 주문하고 받아드는데, 매장 직원이 "고객님, 커피가 뜨거우니 입술 데이지 않게 조심하세요."라고 당부했다.

이 말을 들으니 얼마 전에 급히 커피를 마시다가 입술을 데인 기억이 났다. '맞아, 뜨거우니 조심해야지.' 하며 혼자 되뇌었다. 세심히 고객의 주의를 당부하는 직원의 말이 더 고맙게 들렸다. 커피를 한 모금 마시고 컵을 자세히 보니 이런 문구가 있었다.

"음료가 샐 수 있습니다. 뚜껑의 마시는 입구와 화살표가 겹치지 않게 뚜껑을 덮어 주세요."

'아! 정말 세심한 배려를 하는구나.' 하는 생각이 들었다. 그 덕분에 커피 한잔을 마시면서 매우 흡족했다.

저녁 시간인데도 제법 손님이 있었다. 친구랑 수다를 떠는 사람, 혼자 와서 커피를 마시는 사람, 5명 정도가 같이 큰 소리로 떠들면서 마시는 경우도 눈에 띄었다. 그런데 특히 내 시선을 끈 것은 혼자 와 있는 사람들이었다. 4명이 테이블 하나씩을 차지하고 있었는데 그 중 3명은 노트북을 보고 있었다. 참 바쁜 사람들인가 보다 생각했다. 그런데 유심히 보니 그들의 노트북은 전원 플러그가 테이블에 있는 콘센트에 꽂혀 있었다. 순간 충격을 받았다. 어쩜 이런 생각을 할 수 있었을까? 자세히 보니 노트북만 꽂혀 있는 게 아니라 스마트폰도 충전하고 있었다. '와! 스마트폰을 이용하면서 가장 큰 고민이 배터리 충전 문제인데, 커피숍에서 무료로 스마트폰 충전을 할 수 있게 한 것이다. 나도 다음에 꼭 이용해 봐야겠다.'는 생각을 했다.

뜨거우니 주의하라거나, 커피가 샐 수 있으니 뚜껑을 꼭 닫으라고는 굳이 설명을 하거나 안내를 할 필요는 없다. 이런 것은 이용자가 주의하면 되는 것이다. 그러나 커피를 건넬 때 입이 데이지 않게 주의를 당부하거나, 컵 용기에도 음료가 샐 수 있으니 주의하라는 문구는 자신들이 제공하는 서비스의 완성도를 높이는 소소하고 세심한 배려이다. 거기다가 노트북이나 스마트폰의 배터리 충전을 위해서 테이블마다 플러그를 설치해놓은 것도 무척 인상적이었다. 배터리 충전은 커피숍 본연의 서비스와는 거리가 멀다. 커피숍의 입장에서는 배터리 충전으로 인해 크진 않지만 전기 요금의 부담이 발생할 수도 있다.

이러한 공간의 제공으로 테이블 회전율이 저조해질 수도 있다. 단순히 비용 측면에서만 접근하면 도저히 제공할 수 없는 부가 서비스이다. 그렇지만 여기는 비용적인 면을 떠나서 철저하게 고객만을 생각했다. 어떻게 하면 제공하는 커피를 편안하고 안전하게 즐길 수 있을까? 혼자 온 고객이 필요한 것이 무엇일까를 고민하여 소소한 편안함과 즐거움을 제공했다. 이런 작은 서비스로 마음이 편안한 분위기를 만들면 하나둘 찾아오는 고객들은 많아진다. 사람의 마음은 마찬가지인 것이다.

다른 회사 차량도 점검해 줍니다

추석 명절, 고향 가는 길에 고속도로 휴게소에 들렀다. 운전으로 인한 피로도 풀고 기분 전환도 하기 위해서였다. 가족들이랑 휴게소의 명물인 꼬치 낀 옥수수와 촉촉한 구운 오징어로 요기를 하며 에너지를 충전했다. 막 출발하려는데 저기 앞에 유명한 자동차 회사의 "귀성길 차량 무상 점검 서비스 센터"라는 플랜카드가 보였다. 그런데 우리 승용차는 그 회사의 제품이 아니었다.

일단 한번 가보자는 생각으로 가서 문의했다. 센터에서는 그 회사 차량이 아니더라도 귀성길 가는 길에 안전운전 할 수 있게 기본 점검은 해준다고 했다. 그때 나는 '이 회사 멋진데, 자기네 회사 차도 아닌데 점검을 다 해주네!' 하는 감탄을 했다. 그렇다고 대단한 정비 서비스까진 아니었다. 워셔액 보충과 타이어 공기압 체크 등 기본 정비 정도였다. 이러한 서비스는 스스로도 할 수 있다. 그러나 명절 고향 가는 길에 쫙 빼입은 복장으로 보닛을 열고 궁상을 떨고 싶지는 않았다. 타사 출시 차량이라 기대하지 않았는데 동일한 서비스를 받고 난 후 그 회사에 대한 믿음이 갔다. 그리고 지금은 그 회사의 차량을 운전하고 있다.

자사 출시 차량이 아님에도 무상 점검 서비스를 받았을 때의 기분은 이루 말할 수 없이 좋았다. 뿐만 아니라 그 기억은 오래오래 잊히지 않았다. 그리고 결국에는 지금 그 회사 차량을 운전하고 있다. 물론 제조사 선택을 바꾼 것은 그때의 무상 서비스 때문만은 아니다. 하지만 당시 받은 무상 서비스에 대한 기억이 뇌리에 각인된 것도 사실이다. 무상 점검 서비스를 한 직원들은 나중에 내가 그 회사 차를 살 것이라는 확신이나 기대는 없었을 것이다. 그냥 방문을 했으니 성의를 다했을 뿐일 것이다.

그러나 결과는 현실로 나타났다. 또한 그날 나 같은 사람도 많았을 것이다. 사람 마음은 마찬가지이다. 사소한 서비스에 감동해서 후에 차를 새로 구입할 때 그 회사의 차를 구매할 가능성이 높은 것이다. 그때 무상 점검 서비스를 하면서 자기네 차량의 홍보나 영업 활동을 할 수도 있었다. 그러면 무상 점검 한 번 해주면서 생색을 낸다고 짜증을 내거나 반감을 가질 수 있었다. 이렇듯 고객과의 관계에서 원하는 것을 얻고 싶으면, 먼저 사소한 부분을 해결해주면 감동받은 고객이 지갑을 열게 된다. 큰 것을 얻으려면 먼저 베풀라는 말이 생각난다.

"처마 끝의 낙숫물이 돌을 뚫는다."는 말이 있다. 처마에서 떨어지는 물방울이 세월이 흐르는 동안 바닥에 있는 돌을 뚫는다는 것이다. 사업이나 장사에서 큰 것 한 방을 바라고 평소에 찾아오는 고객에게 소홀히 한다면 망할 수밖에 없다. 찾아오는 손님에게 정성껏 서비스를 해야 한다. 그러면 만족한 고객들의 입소문을 타고 금방 문전성시를 이룬다. 고객은 우리에게 큰 것을 바라지 않는다. 작은 것이라도 관심을 가져줄 때 기뻐한다. 언제나 한결같이 정성을 다하며 배려해주고 대접해야 한다. 일상에서 반복적으로 하는 서비스는 고객에게 감동의 선물이 될 수 있다. 그 감동의 선물이 고객을 우리에게 이끈다. 이러한 보이지 않는 사소함이 고객을 이끌고 우리를 부자로 만들어준다.

2. 한 발 먼저 배려하라

'커피가 뜨거우니 주의하세요!'

이 한마디는 결코 대단하지 않다. 하지만 사소한 배려를 받은 고객은 크고 진한 감동을 받는다.

감동은 값으로 환산할 수 없다. 측정할 수 없는 고객의 마음을 얻은 것이기 때문이다. 고객은 친구같이, 가족같이 대할 때 편안함을 느끼고 익숙해진다. 익숙해지면 다시 올 수 있고 이를 통해서 단골고객과 충성고객이 된다.

정성껏 모시되 부담스럽게 대해서는 안 된다.

3. 개인적인 취향을 만족시켜라

> 넓은 세계를 다 뒤져도 당신과 완전히 똑같은 사람은 없다.
> 지금까지도 그리고 앞으로도.
> – 제인 오스틴

"난 짜장면", "난 짬뽕"

우리 가족은 아내와 아들, 그리고 나까지 3명이다. 아들이 어릴 때는 우리가 하자는 대로 했었는데, 초등학교 5학년이 되면서부터 자기주장이 뚜렷해졌다. 종종 외식을 하는데, 그럴 때마다 메뉴 고르는 문제 때문에 실랑이를 한다. "자기야, 빕스 가자. 빕스는 샐러드 바가 푸짐하고 야채가 맛있어서 좋아." "아빠, 오늘은 고기 먹고 싶어. 난 돼지갈비 먹을래!"

이런 식으로 아내와 아들은 자기주장을 하면서 쉽사리 결론이 나지 않는다. 결국은 둘 중에 1명이 양보하여 누군가의 승리로 끝난다. 아내는 아내대로 먹고 싶은 것이 있다. 그리고 아들은 아들대로 먹고 싶은 것이 있다. 먹는 것이 사람의 오복 중에 하나라고 했으니 자기주장을 하는 것은 당연하다. 3명의 가족끼리도 이렇게 각자의 목소리가 나오는데, 수십 명부터 수백만 명의 고객이 있는 회사의 경우에는 같은 제품과 서비스에 대한 반응이라도 다를 수밖에 없다.

우리 회사는 신용카드사로 회원들이 천만 명 가까이 된다. 고객 수가 많은 만큼 각기 다양한 의견들이 고객의 소리V.O.C로 접수된다. 고객들의 반복적인 의견이나 불만이 접수되면 업무 개선을 통해 불만을 없애고 만족으로 이끌고 있다. 한번은 이런 내용이 있었다.

"홈페이지에 로그인하면, 첫 화면에 최근 사용 내역이 뜨면 좋겠다. 그리고 해당 월의 최종 결제 예정 금액이 노출되면 좋겠다."는 의견이 올라왔다. 내부 검토 후에 고객의 의견을 받아들여 이러한 내용을 홈페이지 화면에 반영했다.

직접 이용한 고객들을 모니터링해보니 "나만을 위한 화면이고, 가장 최근 사용내역이 실시간으로 떠서 좋다. 그리고 해당 월 결제 예정 금액을 확인할 수 있으니 소비를 조절할 수 있다."는 긍정적인 피드백을 받았다. 그런데 일부 고객들은 "스마트폰 어플로도 볼 수 있는데, 로그인을 했을 때 갑자기 최근 승인 금액과 결제 예정 금액이 떠서 지하철에서 옆 사람이 엿볼까봐 불안하다."는 반응도 있었다. 지하철에서 대부분의 사람들은 각자의 스마트폰에 몰두하지 주변 사람을 기웃거리지는 않는다. 설사 주변 사람이 엿본다고 하더라도 최근 사용 내용과 결제 예정 금액은 민감한 정보도 아니다. 그래서 바뀐 홈페이지 화면은 그대로 유지하기로 했다.

홈페이지 화면을 개편했을 때 이를 반기는 고객도 있고, 그렇지 않은 고객도 있다. 개편의 취지는 고객편의를 위해서 하는 것이다. 일부 고객은 로그인 하자마자 본인이 직접 조회하지 않았는데 첫 화면에 거래 내역이 나오는 것을 불편해 했다. 반면에 본인이 로그인해서 들어가는 화면에 거래 내역이 노출되니 편리하고 좋다는 고객도 있다. 정말 이런 경우는 고객들의 개인 취향이 각양각색이란 것을 실감한다. 기업이 제공하는 서비스에 대해 불편이나 불만을 호소하는 고객에 대해서는 이해를 바란다는 양해를 구할 수밖에 없다.

출퇴근 시간은 항상 콩나물시루같이 빽빽하다. 여름에는 냉방을 최대한으로 가동해도 사람의 열기로 인해 찜통을 피할 수 없다. 이런 경우를 두고 지하철을 '지옥철'이라고 부르는가 생각이 든다. 지하철이 정확한 시간에 맞게 운행한다는 장점은 있다. 이런 장점 때문에 많은 사람이 지하철을 이용하니까 항상 복잡하고 미어터지게 된다. 가끔 기관사의 안내 방송과 함께 냉방을 끄거나 약하게 할 때가 있다. "승객 여러분, 승객님 중에서 춥다는 민원이 있어서 냉방 가동을 중단하니 많은 양해 바랍니다."라는 것이다. 한편으로 생각해보면 냉방병으로 감기를 앓는 승객이 있을 수도 있다. 아니면 원래 냉방을 싫어해서 에어컨의 찬바람을 쐬면 두통이 오거나 오한이 오는 체질일지도 모른다. 이렇게 생각하니 마음이 한결 가벼워진다. 하지만 더위를 많이 타는 승객들은 손부채를 하면서 얼굴이 울긋불긋해진다.

이렇듯 제공되는 서비스에 대한 반응은 고객들의 수만큼이나 다양하다. 한 명의 기관사가 일일이 수많은 승객의 기호를 맞추기에는 한계가 있다. 서비스 제공자 입장에서는 최대한 많은 사람들이 혜택을 누리게하게 해야 한다. 취향의 특성상 서비스 제공자와 고객 모두가 만족할 수는 없다. 그렇지만 서비스에서는 소수자도 보호되어야 한다. 특히 건강등과 관련해서는 약자 보호를 먼저 하는 것이 배려의 미덕일 것이다.

그렇기 때문에 전체 고객에게 양해를 구한 다음에 냉방 장치를 끌 수있다. 이렇게 함으로써 감기 걸린 고객이나 냉방병으로 고생하는 고객을 배려해줄 수 있다. 나만을 생각하는 것이 아니라 때로는 상대방을 배려하는 고객의 자세도 필요하다. 냉방병을 앓는 고객의 경우, 냉방 서비스를 제공받는 것은 원하지도 않고 오히려 피해가 될 수 있다. 따라서 서비스 사각지대에서의 소수자 보호는 필수적이어야 한다.

취향은 존중되어야 한다

신용카드에는 '가족카드'란 상품이 있다. 가족카드는 본인 회원의 신용도와 책임 하에 발급된다. 소득이 있는 배우자가 본인 회원, 소득이 없는 다른 배우자가 가족 회원으로 가입한다. 본인 회원이 카드 이용 대금을 결제해야 하므로 두 카드의 이용 대금 명세서를 본인 회원에게 보낸다. 이런 식으로 업무 절차가 업계에 굳어져 제도화되어 있다.

가족 회원인 한 고객의 문의가 있었다. "왜 내가 쓴 카드 내역을 와이프한테 보내서, 부부 싸움을 일으키고 이혼 위기에 몰리게 하느냐? 당신들이 책임질 거냐?" 하는 것이었다. 사실을 확인해보니 남편이 가족 회원으로, 아내가 본인 회원으로 가입한 경우였다. 남편은 가족카드를 단란주점과 호텔에서 사용했는데 나중에 청구서를 받아 본 아내가 "당신 호텔엔 누구와 갔어? 바람피우는 거야?" 하면서 부부 싸움을 하게 되었고 급기야 이혼 위기에 이르렀단다. "고객님의 가족카드는 상품 설계가 본인의 책임 하에 발급되는 카드입니다. 본인 회원이 카드 대금을 결제하므로 카드 사용 내용도 본인 회원에게 알려줘야 합니다. 이런 절차 때문에 문제가 된 점 정말 죄송합니다."라고 한참을 설명하고 이해를 시켜서 불만을 잠재울 수 있었다. 하지만, 그 이후 그들 부부의 관계가 어떻게 됐는지는 모른다.

　동일한 상품이라도 이용하고 받아들이는 고객에 따라서 다양한 반응이 있다. 상품과 서비스를 제공하는 입장에서 고객 내면의 의중까지 파악하면 금상첨화다. 그러나 이는 현실적으로 불가능하다. 요즘은 신용카드가 너무 일상이 되어서 거의 모든 거래를 신용카드로 한다. 부부간에도 비밀이 있을 수 있다. 그렇다고 고객의 의견만 쫓아서 가족카드 거래 내용을 본인 회원에 제공하지 않을 수도 없다. 가족카드의 이러한 상품 구성을 알았으면 그 고객은 분명 다른 결제 수단을 이용했을 것이다. 이렇듯 고객들은 상품에 대한 요구가 각양각색이라 보편타당한 상품을 구성하기는 힘들다. 다양한 고객의 입장을 이해하고 조금씩 맞춰가는 게 최선일 것이다.

　모든 사람은 누군가에게 고객이다. 같은 서비스를 제공하는데 고객들은 각기 다른 반응을 보인다. 이것은 서비스의 문제도 아니고 고객의 문제도 아니다. 그것은 취향이 다름에 따른 자연스런 반응이다. 고객 중에는 말하기를 좋아하는 고객도 있는 반면, 듣기를 좋아하는 고객도 있다. 말하기 좋아하는 고객을 대할 때는 충분히 들어주고 호응해 호감을 얻어야 한다. 듣기를 좋아하는 고객은 이쪽이 많이 말하며 분위기를 이끌어야 한다. 이런 식으로 고객을 전부 분류할 수도 없다. 정확히 고객을 구분하고 고객에 따른 서비스를 한다는 것은 심리학과 정신분석학 전공자라도 힘들 것이다.

동일한 서비스를 동시에 여러 고객에게 제공할 때는 상식에 근거한 기준으로 제공하여야 한다. 그러나 장애인 등 서비스 약자층을 위해서 다수의 고객에게 양해를 구하고 먼저 배려해주는 서비스도 고민해야 한다. 지하철의 경로석이나 요즘 새로 생긴 임산부석이 그 예이다. 동일한 서비스를 고객에게 1:1로 제공할 때는 고객의 외모, 성격, 취향 등을 파악해야 한다. 정성을 다하여 마음을 전할 때 어떤 고객이라도 마음을 열고 만족한다는 것이다.

3. 개인적인 취향을 만족시켜라

100인 100색의 시대이다.

고객이 서로 다름을 인정해야 한다. 다름을 알고 맞춤형 서비스를 제공하면 최고의 서비스가 된다.

하지만 그렇게 하기에는 한계가 있다. 자칫 맞춤형이 아니라 고객차별로 인한 불공정한 대우가 될 수 있다.

그보다 먼저 정성을 다하는 모습으로 서비스를 제공해야 한다. 주의할 것은 노약자, 임산부 등 서비스 약자에 대한 배려도 있어야 한다.

배려는 사랑이고, 사랑은 다시 돌아온다.

4. 상식적으로 응대하라

무엇이든지 남에게 대접을 받고자 하는 대로
너희도 남을 대접하라.
– 마태복음

노블레스 오블리주

우리 회사는 백화점에 카드 센터를 운영하고 있다. 여기에서 신용카드
신청 접수, 카드 교체, 재발급, 서비스, 포인트 등 각종 신용카드 업무도
도맡는다. 백화점에 쇼핑하러 왔다가 카드 업무를 볼 수 있으니 고객의
입장에서 참 편리하다. 카드 센터 데스크에서는 은행 객장처럼 직원들이
고객들에게 서비스를 제공한다. 그러다 보니 더러는 고객들이 큰소리를
치고 일명 '갑질'을 하는 경우도 있다.

한번은 우리 직원이 고객을 응대하고 있는데 갑자기 볼펜으로 직원의

손등을 찍어서 심한 상처를 입었다. 그때 직원은 아픈 것보다도 놀라워서 말문도 잃고 당황하고 있었다. 그 고객은 신고를 받고 온 경찰에 현행범으로 체포되었다. 왜 그랬냐고 하니까 "그냥 답답하고 화가 나서 그랬다."고 했다. 참 어이없는 대답이었다. 우리 직원은 응급 치료를 하였으나 흉터는 남았다. 그 직원의 트라우마를 고려하여 내근직으로 부서이동을 해주었다.

직원 개인으로서는 직장 생활을 하면서 엄청나게 충격적인 일을 겪었다. 참으로 안타까운 일이었다. 아무리 고객이 왕이라고 하지만 상해를 가하는 등 불법을 저지르는 행태는 단절되어야 한다. 고객은 고객으로서 갖추어야 할 예의가 있다. 고객과 직원의 관계를 떠나, 사람 대 사람의 관계라면 기본적인 예의는 지켜야 한다. 사람인 만큼 서로 인격적으로 존중해주고 인정해주어야 한다. 이런 믿음이 있는 전제에서 고객의 권리가 보장되는 것이다. 그 직원은 얼마나 놀랐고 충격을 받았겠는가? 한 집안에서 딸이요, 아내요, 엄마인데, 고객의 그런 행위로 인해 가정에 깊은 상처와 시름을 안겨줬다. 물론 모든 고객이 다 그런 것은 아니다. 질 나쁜 일부 고객들의 행동으로 인해 서비스업에 종사하는 사람들은 긴장과 스트레스를 받고 업무에 임하고 있다.

어느 백화점의 이야기다. 의자에 다리를 꼬고 앉은 고객이 무릎을 꿇은 백화점 직원들에게 항의한 적이 있었다. 고객은 7년 전 이 매장에서 귀금속을 구입했다고 한다. 귀금속이 망가지자 매장을 찾아와 무료로 수리해줄 것을 요구했다. 직원은 본사 규정상 무료로 해줄 수 없다고 했다. 직원의 서비스에 불만을 느낀 고객은 본사에 직접 항의했고, 결국 본사로부터 무료로 수리해주겠다는 약속을 받아냈다. 다음 날 매장을 찾은 고객은 직원들의 불만족스러운 서비스에 강력하게 항의했다. 고객의 소동으로 경찰에 신고까지 했다. 경찰은 고객이 직원들에게 반말을 하기는 했지만 욕설은 하지 않았고, 직원들이 자발적으로 무릎을 꿇은 데다 얼마 뒤 고객이 직원들에게 전화를 해서 사과했다는 이유로 책임을 묻지 않았다. 그러나 직원들은 정신적인 충격 때문에 그날 이후부터 휴가를 내고 출근도 하지 않았다고 한다.

상품의 A/S 기간은 보통 1년이다. 그런데 7년 전에 산 물건이 망가지자 무료로 수리를 해달라고 하는 것은 생떼가 아닐 수 없다. 일부 고객들의 심리에는 소리 지르고 윽박지르면 요구를 들어 줄 수밖에 없다는 계산이 깔려있다. 고객이 직원들을 무릎 꿇게 하는 것은 있을 수 없는 일이다. 직원들이 자발적으로 꿇었다는데 사실이 아닐 것이다. 직원들은 매장이 시끄러우면 지나가는 고객들에게 이미지가 안 좋아지고 매장의 매출에 영향이 있을까봐 노심초사한다. 또한 고객의 민원 문제를 빨리 해결하지 못하면 업무 미숙에 따른 업무 평가에도 부정적인 영향을 미칠 수 있다. 그러니 민원을 빨리 해결하기 위해 마지못해 무릎을 꿇었을 것이다. 이런 내부 사정을 잘 아는 고객들은 이를 악용하여 본인이 요구하는 것을 받아낸다. 이런 경우를 진상 고객이라고 하는데 양심은 어디에 뒀는지 모르겠다. 고객이 왕이라는 탈을 쓴 전형적인 갑질 행태이다.

고객들의 갑질 행위로 최근 가장 대표적인 사례는 일명 '라면 상무' 사건이다. 비행기 기내 서비스로 비즈니스석에 라면이 제공되는데, 본인이 원하던 라면 맛이 나지 않았다고 행패를 부린 사건이다. 상무라는 직책은 더 열심히 일해서 회사를 발전시키고 키워서 후배들에게 귀감이 되는 일을 하라는 위치이다. 그러나 그는 자신의 직책을 업무라고 생각하지 않고 권력이라고 생각한 것이다. 그러니까 회사 밖에서도 "내가 누군데" 하는 으스대던 습관이 나와서 사회적 물의를 일으키고 결국은 도태의 길을 가게 되었다. 일반 직장인이 상무라는 자리까지 가기 위해 얼마나 피나는 노력을 했을까 하는 아쉬움이 든다.

세상에서 제일 예쁜 우리 엄마가 상담해드립니다

신용카드사의 콜센터는 1,000명 이상의 상담사 조직으로 규모가 방대하고, 업무 내용도 매우 다양하다. 기본적으로 고객으로부터 걸려오는 문의 사항 및 요청 업무에 대한 신속한 처리를 해주고 있다. 또한 적극적으로 고객에게 전화하여 새로운 상품과 서비스의 소개 및 마케팅 업무도 병행하고 있다. 전자를 인바운드IN BOUND라고 하고, 후자를 아웃바운드 OUT BOUND라고 한다. 두 업무 모두 쉬운 일이 아니며, 고객과 직접적인 통화를 하는 일이라 감정노동자로서 스트레스를 많이 받는다. 특히 인바운드의 경우에는 상담사 1인당 하루에 120여 통의 전화를 고객에게 받고 있다. 일부 고객들은 상습적, 반복적으로 전화를 걸어 잦은 폭언과 막말로 상담사들을 힘들게 한다.

정말 사람이 어찌 저런 표현을 할 수 있을까 할 정도로 입에 담기 힘든 언행을 하는 경우도 많다. 이런 고객들의 행태로 인해 지치고 스트레스를 받은 직원들이 다른 고객들에게 완전한 서비스를 제공하지 못 하기도 한다. 이는 회사로 보나 고객으로 보나 마이너스적인 일이다. 회사는 감정의 상처를 받은 직원이 고객에게 완전한 고객 서비스를 제공하지 못하고, 고객의 입장에서는 연회비 등의 서비스 비용을 부담하고도 양질의 고객 서비스를 받을 기회를 놓칠 수 있으니 말이다.

이러한 감정노동자를 보호하고 건전한 사회를 만들기 위해서 많은 회사들이 그 대책을 세우고 있다. 우리 회사의 경우에도 '문제행동 소비자 제도'를 운영하고 있다. 고객 접점 직원들이 인격 침해, 업무 방해, 협박, 무리한 보상 등을 고객으로부터 요구받을 때 해당 고객을 문제 행동 소비자로 선정하는 것이다. 문제 행동 소비자로 선정되면 별도 이력 관리도 한다. 해당 신용카드가 만기될 때엔 자동으로 계약이 종료되고 신규 회원 가입도 차단된다. 이러한 제도를 운영하는 취지는 문제 행동을 하는 고객으로부터 직원을 보호하여 궁극적으로는 일반 고객에게 보다 더 좋은 서비스를 제공하기 위함이다. 응대 직원 보호를 위해, 문제 행동 응대 시간에 상응하는 휴식 시간도 보장해주고 있다. 불량고객을 선별하여 차단하는 적극적인 자세야말로 대부분의 일반 고객들에게 보다 나은 서비스를 제공하는 합리적인 방법이라고 생각한다. 이런 불량고객에 대한 조치는 회사 차원에서만 할 것이 아니다. 국가 차원에서 국민의 기본권 보호 의무를 가지고 적극적으로 법과 제도를 정비해야 한다.

최근에 어느 콜센터에서 전화 신호 대기 멘트를 바꿨다. "착하고 성실한 우리 딸이 상담해 드릴 예정입니다.", "사랑하는 우리 아내가 상담해 드릴 예정입니다.", "제가 세상에서 가장 좋아하는 우리 엄마가 상담해 드릴 예정입니다." 직접 상담사들의 아빠, 남편, 어린 딸들의 목소리로 녹음한 내용을 안내 멘트로 사용했다. 그랬더니 고객들의 응대 목소리가 많이 바뀌었다. 그래서 상담원 스트레스가 50% 감소, 고객의 친절 한마디는 8% 증가, 상담원들이 존중받는 느낌이 25% 증가했다.

콜센터 상담원도 누군가의 딸이고, 아내이고, 엄마이다. 이 당연한 사실을 접목시켜 감성 마케팅에 활용한 결과 고객들의 반응은 놀라울 정도로 변화가 일어났다. 상담사들도 스스로 존중받는 느낌이 많이 높아졌다고 한다. 박수를 받을 만한 놀라운 변화의 시도이다.

1980년대에는 고객이 왕이라고 불리기도 했다. 그 때는 공급자 위주의 경제구조로 인해 소비자나 고객들이 피해를 보거나 손해를 입어도 보상을 받을 길이 없었다. 그래서 소비자보호원이 설립되고 소비자의 권익을 보호하기 위해 노력하였다. 그래서 식당에서는 반찬이 무한으로 제공되고, 은행이나 공공기관, 버스, 기차 등에서는 냉난방 기기를 추울 정도로 최대한 가동하는 해프닝도 있었다. 그러나 요즘은 민주주의가 발전하고 언론, SNS 등이 발달하고 있기 때문에 소비자의 권리는 많이 신장되어 있다. 고객이 왕이라고 한 것은 고객의 권리가 낮았을 때 이를 옹호하기 위한 표현이었다. 지금은 이 말이 어울리지 않는다고 생각한다. 오히려 고객은 왕이라는 탈을 쓰고 폭행 및 악행을 일삼는 사람들이 많이 있다. 이 때문에 피해를 보는 사람들이 발생하기도 한다. 무조건 고객이 왕이라는 인식은 바뀌어야 한다.

왕 대접을 받으려면 왕다운 품격과 모범적인 행동을 보여야만 한다. 고객 스스로는 망나니 같은 행동을 하면서 왕 같은 대접을 받으려 하는 것은 억지일 뿐이다. 이제 우리 사회도 고객의 권리만 강조할 게 아니라 고객의 기본 의무에 대한 인식을 새롭게 가져야 할 때이다. 우리는 누군가에게는 서비스 제공자가 되기도 하고, 누군가에게는 고객이 되기도 한다. 동전의 양면과 같은 것이다. 즉 1인 2역을 하는 한 몸뚱이임을 명심하고 권리와 의무를 다하는 고객 주권 시대를 열어가야 할 것이다. 이제는 고객이 왕이 아니다. 고객은 우리와 함께 가는 동반자이다.

4. 상식적으로 응대하라

고객이 왕이 되기 위해서는 왕다운 품격이 있어야 한다.

'갑질'하고 진상부리는 고객은 스스로 왕임을 포기한 것이다. 이런 고객들 때문에 다른 고객이 서비스를 제대로 받지 못하는 피해를 볼 수 있다. 일반고객에게 더 좋은 서비스를 제공하기 위해서라도 갑질하고 진상부리는 고객을 배제시키는 조치를 할 필요가 있다.

회사 내부 기준뿐만 아니라 국가차원의 대책이 필요한 시점이다.

무방비하게 위험에 노출된 딸, 아내, 엄마를
더 이상 두고 볼 수는 없다.

5. 열광적인 팬에게 두 배로 잘하라

지식을 얻으려면 공부를 해야 하고,
지혜를 얻으려면 관찰을 해야 한다.
– 말릴린 보스 사반트

열혈 고객은 회사도 구한다

가치 있는 고객이란 누구일까? 한 번 온 고객보다는 단골고객이나 고정고객이 가치 있는 고객이다. 가치 있는 고객은 스스로 태어나지 않는다. 상품과 서비스를 제공하는 우리와 교감을 하면서 만들어진다. 고객들은 우리보다 훨씬 더 똑똑하고 합리적이기 때문에 이득이 있어야 움직인다. 단골고객이나 고정고객이 된다는 것은 고객 입장에서도 그만큼의 가치가 있다는 것이다. 가치 있는 고객은 우리가 가치를 제공할 때 탄생한다.

남성들의 로망 중 하나는 할리데이비슨 오토바이다. 할리데이비슨은 우직하고 거친 이미지가 매력적이다. HOG_{Harley Owners Group}이라는 할리 데이비슨 라이더 동호인 모임이 있다. 할리데이비슨의 동호회 회원들이 오토바이뿐만 아니라 라이딩 용품 등의 구매에 나서 줬기에 할리데이비슨이 재기할 수 있었다. 동호회 회원들은 할리데이비슨 로고를 문신으로 새기는 열혈 마니아층, 즉 절대 배신하지 않을 충성고객들이다. 그러기 때문에 HOG는 일반 동호회 그 이상의 의미가 있다. HOG는 1983년에 약 3천여 명의 회원 수로 시작했다. 지금은 130만 명 이상의 회원 수를 확보하고 있다. 한국에도 1,300여 명의 회원들이 활동하고 있다.

후배 아버지는 식당을 운영하신다. 더 늙기 전에 할리데이비슨을 타고 싶다며 여기저기 알아보고 있다. 주말에 나들이를 가다가 보면 오토바이 라이딩족이 많이 보인다. 특히 할리데이비슨 라이딩족들은 삼삼오오 짝을 지어 달리면서 매력을 뽐낸다.

할리데이비슨이 꿋꿋이 기존의 이미지를 고집한 것은 이유가 있다. 오토바이의 트렌드는 혼다와 같은 부드러운 디자인으로 변하고 있었다. 할리데이비슨은 여기에 부응하지 못해 위기에 처해 있었다. 그런데 마니아 고객들은 자기들이 선호하는 브랜드의 위기를 그냥 보아 넘기지 않았다. 같이 아파하고 고민하기 시작했다. 이 모임을 통해서 할리데이비슨의 매출이 신장되며 회사가 살아날 수 있었다. 언뜻 보기에는 이해하기 어려운 부분이다. 고객들은 아무리 좋아하는 브랜드라 하더라도 회사가 어려워 생산을 중단하면 다른 제품으로 갈아탄다. 그 상품이나 브랜드는 잊혀지게 된다.

그러나 할리데이비슨의 고객들은 회사가 위기일 때 자기들이 몸소 나서서 재기를 도왔다. 돈을 모아 정기적인 행사를 진행하고, 오토바이 부가 용품들을 구매하는 등의 충성스런 활동을 벌였다. 이런 충성스럽고 가치 있는 고객과 함께라면 불황도 없을 것이다. 짐작하건대 할리데이비슨이 트렌드에 따라 우직한 디자인을 유려한 디자인으로 변경했다면 그런 충성스런 고객은 없었을 것이다. 할리데이비슨이 독자적인 브랜드와 디자인을 고집해서 고객들의 마음을 움직인 것이다. 고객들도 자기들이 애호하는 브랜드나 디자인이 유지되면 자존감과 프라이드가 높아진다. 그래서 고객들이 고민을 거듭하다가 아이디어를 낸 것이 동호회 HOG 이다.

고객들의 이러한 행동은 브랜드에 열광하지 않으면 불가능하다. 할리데이비슨의 브랜드가 고객들의 마음에 쏙 들어서 포기할 수 없게 만든 것이다. 고객 취향을 제대로 저격한 할리데이비슨은 위기에 처한 순간 고객들로부터 사랑을 받았다. 회사가 절체절명의 위기에 빠졌을 때 열혈 마니아층이 회사를 구한 것이다. 이보다 더 가치 있는 고객은 어디에 있을까?

잡은 물고기에게 먹이를 두 배로 줘라!

프로야구 시즌이다. 프로구단 중에 가장 열렬한 광팬을 가진 구단은 어딜까? 아마도 롯데자이언츠가 열렬한 광팬을 지닌 구단일 것이다. 프로야구 경기의 입장료는 1만 원 가량 한다. 입장료를 내고 자신의 시간을 써 가면서 그렇게 열렬히 응원하는 걸 보면 신기하다. 롯데자이언츠 팬들은 야구를 관람하러 갈 때 준비물을 꼭 챙긴다. 신문, 쓰레기봉투가 필수 품목이다. 신문은 갈기갈기 찢어서 손에 들고 흔드는 응원의 중요 용품이다.

쓰레기봉투는 7회 초가 시작될 때 봉지를 부풀게 하여 머리에 쓰고 양 손잡이는 귀에다 건다. 일명 '봉다리 응원'이다. 그런가 하면, 공이 관중석으로 넘어 왔을 때 하는 '아 주라' 응원도 있다. 관중석에 날아온 공을 잡으면 근처에 있는 어린 아이에게 주라는 뜻이다. 이렇듯 열정적인 롯데 팬들을 '부산 갈매기'라고 한다. 응원 주제가도 '부산 갈매기'이다.

프로야구에서 선수들과 구단은 공급자이고 팬들은 구매자이다. 공급자인 선수들과 구단은 자신들이 돈을 벌면서 열띤 응원과 격려를 받는다. 이에 반해 팬들은 따로 시간을 내어 멀리서 야구장까지 온다. 내 돈 들여 입장권도 사고, 응원 준비도구도 챙기고, 심지어 특정 선수의 유니폼을 사서 입고 온다. 그리고 경기가 진행되는 동안 응원하는 팀의 승리를 기원하며 목이 찢어져라 큰 소리로 응원한다. 팬들은 왜 이리 열광할까? 공급자의 입장에서 보면 완전한 충성고객이다. 특히 '부산 갈매기'로 애칭이 된 롯데 자이언츠 팬들은 한술 더 떠서 광적으로 응원을 한다. 공급자가 공급하는 야구 경기 서비스에 대해서, 고객인 팬들이 열광하며 부가 서비스도 기꺼이 구매한다. 이러한 팬들 덕분에 구단과 선수들은 수입을 얻고 야구경기를 계속 할 수 있다. 구단과 선수들에게는 이런 열혈 팬들이 엄청난 가치가 있는 고객이다. 경기장을 직접 찾는 고객 말고도 집에서 TV 시청으로 경기를 즐기는 고객도 있다.

대부분의 야구 고객들이 TV 시청의 방식으로 야구서비스 구매를 한다. 이러한 고객들은 공급자의 인기와 수익에는 크게 기여하는 바가 없다. 손익 분석을 하자면 그저 손해도 이익도 아닌 수준에서 공급자가 만족하는 수준이 될 것이다. 그러나 경기장을 찾는 충성고객은 입장료 수입과 응원을 통한 만족도 제공에 현격하게 기여한다. 구단과 선수들은 구장을 찾아온 열성 팬들의 가치를 충분히 인식하여야 한다.

이러한 고객들은 구단과 선수들로부터 야구 경기 서비스 외에는 특별한 혜택을 받는 것도 없이 열광적인 구매행동을 한다. 구단과 선수들은 이러한 팬들에게 더 집중하고 다른 서비스를 제공하는 방법도 강구해 봐야 한다. 이번 시즌은 어느 팀이 우승할까 궁금하다.

회사 동료 중 한 명은 식성이 까다롭지 않아서 갔던 곳을 자주 간다. 주로 가는 식당이 김치찌개, 순대국밥, 매운탕 집 정도이다. 그래서 그 식당 주인이나 종업원들과 서로 잘 아는 사이가 됐다. 반면 대부분의 직원들은 한 번 간곳을 한 달 내에 두 번 다시 가는 경우는 드물다. 항상 새로운 곳을 찾아내어 식사를 다니곤 한다.

이러한 두 부류의 동료들 중에서 전자는 한번 다니기 시작한 식당에서는 단골손님이 된다. 후자의 동료들은 어느 식당에서나 뜨내기 손님에 불과하다. 식당의 입장에서 보면 뜨내기고객보다 단골고객이 백배 유리하다. 고객을 고정 고객화시켜 지속적인 수입이 생기고, 입소문을 통한 홍보효과가 있기 때문이다. 단골손님은 식당의 입장에서 매우 가치 있는 고객이다. 이러한 단골고객들을 더 잘 모시며 대접해야 한다.

한때 멀티플레이어라는 말이 인기였다. 특히 여자들이 선호하는 남자가 멀티플레이어이다. 즉, 돈도 잘 벌고, 집안일도 잘하고, 애들과도 잘 놀아주는 그런 남자를 좋아한다는 것이다. 세상에 이런 남자들이 얼마나 있을까? 흔히 남자들은 단순해서 동시에 2가지 일을 못한다고 한다. 그러니 어느 하나에 특화된 매력적인 남자를 찾는 게 빠를 것이다. 고객 서비스도 모든 고객에게 다 잘 할 수는 없다. 그래서 선택과 집중을 해야 한다. 철저하게 나에게 얼마나 수익을 안겨주고, 어떤 미래 가치가 있는가를 기준으로 판단해야 한다.

미래 가치가 있는 고객은 단골고객이라고 보면 된다. "잡은 물고기에게는 먹이를 안 준다."는 말이 있다. 하지만 고객 서비스에서는 이러한 속담은 지양해야 할 자세다. 그래서 "잡은 물고기에게는 먹이를 두 배로 준다."는 각오로 단골 고객들을 대우해야 한다. 이렇게 특별한 대우를 받은 단골 고객들은 지금까지보다 더 많은 구매를 할 것이다. 그리고 입소문으로 손님들을 더 많이 찾아오게 할 것이다. 가치 있는 고객들에게 집중해서 더 크게 성장하고 발전하는 기회를 잡아야 한다. 가치 있는 고객은 태어나는 것이 아니라 우리가 만들어 내는 것이다.

5. 열성적인 팬에게 두 배로 잘하라

할리데이비슨 동호회 회원들은 열광적이다.

위기에 쓰러진 회사도 다시 일으키는 고객들은 가히 놀랄 만한 일이다. 열광적인 고객들에게 더 관심을 가지고 더 좋은 서비스를 제공해야 한다. 흔히 '잡은 물고기에는 먹이를 주지 않는다'는데, 이런 열광적인 팬에게는 '먹이를 두 배' 주는 자세로 대해야 한다.

열광적인 고객들이 큰 수익을 안겨주는 가장 가치 있는 고객이다.

6. 끊임없이 노력하고 연구하라

비즈니스계에서는
백미러가 앞 유리보다 항상 더 선명하다.
– 워런 버핏

고객의 입장에서 생각하라

주변의 맛집 중, 줄을 서서 먹는 집이 있었다. 어느 날 가보니 주인이
바뀌었다. 전 주인은 가게를 세를 얻어 장사를 했었는데, 장사가 잘 되니
까 건물 주인이 직접 운영하겠다며 나가라고 했단다.

똑같은 간판에 메뉴도 같았다. 그러나 맛은 전혀 달라졌다. 기존의 담
백한 맛이 나지 않았다. 외관은 따라했지만 정작 맛을 내는 비결은 따라
할 수 없었다. 그리고 보니 오는 손님도 뜸해졌다. 손님이 뜸해진 이유를
알 것 같았다.

가족 여행으로 강릉에 갔다. 지금은 동계 올림픽 영향으로 KTX와 고속도로가 뻥 뚫려서 빠른 시간에 오고 갈 수 있다. 몇 년 전에는 강릉에 가는 것이 쉬운 일이 아니었다. 그것도 승용차로 운전해서 가기에는 단단히 마음을 먹고 가야했다. 그런 쉽지 않은 여행인 만큼 숙소와 맛집을 미리 검색해 두었다. 가는 길에 대관령 목장도 들러 보고, 경포대와 낙산사, 오죽헌까지 두루두루 둘러보는 재미있는 시간을 보냈다.

많이 돌아다니면 시장기도 빨리 오는 법이다. 미리 검색을 해 놓은 맛집을 찾아 가기로 했다. 동해는 오징어가 유명하니 오징어 집으로 갔다. 식당 메뉴판에는 메뉴와 사진이 같이 표시되어 있었다. 그래서 메뉴를 선택하기가 한결 쉬웠다.

"주문할게요. 오징어 회와 오징어 순대 주세요. 오징어 순대는 통오징어 삶아서 하는거 맞죠?"

"예, 손님. 맞습니다. 잠시만 기다리세요."

오징어 회는 젊은 시절 길거리에서 차를 세워 놓고 사먹었던 추억을 떠오르게 했다. 오징어 순대는 회사 주변에 오징어 전문점이 있는데 그 식당에서 맛있게 먹은 기억이 떠올랐다. 기다리는 동안, 통오징어를 삶아 가지런히 썰어서 담아 놓은 메뉴판 사진이 우리의 군침을 당기게 했다. 먼저 오징어 회가 나왔다. 초고추장에 찍어서 입안에서 씹는 맛은 동해바다의 싱싱함을 그대로 품은 듯했다. 오징어 회를 다 먹고 한참을 기다리니 오징어 순대가 나왔다. 접시에 담긴 오징어 순대는 내가 기대했던 모양이 아니었다. 그냥 동그랑땡 같은 오징어 전이었다.

"이게 오징어 순대 맞습니까?"

"네, 손님 맛있게 드세요."

"아니, 메뉴판 사진에는 통오징어를 삶아서 썰어 놓은 모양이잖아요."

"아, 그거요. 예전엔 그렇게 하다가 힘들어서 지금은 오징어 전 방식으로 합니다."

"근데, 주문할 때는 통오징어를 삶아서 하는 거라고 했잖아요?"

"아, 그랬나요? 아무튼 이거나 그거나 오징어니까 맛있게 드세요."

참 어처구니가 없었다. 더 따질 수도 없었다. 나는 어딜 가더라도 요목조목 따지는 편은 아니다. 대신 내 마음에 안 들면 "다음에 오지 말지 뭐." 이러고 만다. 그렇게 황당한 경우는 또 처음이었다. 가족끼리 재미있게 하는 강릉여행의 즐거움이 오징어 순대 하나 때문에 한꺼번에 다 달아났다. 그러면서 마음먹었다.

"내가 이 식당에 두 번 다시 오나 봐라."

아마 비슷한 경험을 누구나 한두 번쯤은 했을 것이다. 손님이 식당에 무료 시식을 하러 간 것이 아니다. 시간을 투자하고 기꺼이 비용을 지불하며 사먹으러 간 것이다.

고객의 입장에서는 준비를 다하고 의무를 했다. 이에 반해 식당에서 메뉴판과 다른 음식을 제공하면 기만이거나 의무를 다하지 않는 것이다. 그것도 죄송하다는 사과도 없이 '이미 음식이 나왔으니 어쩔 수 없다. 그냥 먹어라.'는 식은 고객을 우롱하는 것이다. 고객을 거지보다도 못하게 취급하고, 고객의 귀한 돈을 쉽게 가져가겠다는 심보다. 고객의 주머니에서 돈을 꺼내기 위해서는 그만큼 정성을 다하여 고객이 원하는 음식을 제공해야 한다. 음식은 대충대충 만들면서 메뉴판에 기재된 금액을 다 받는 것은 횡포다. 이런 식당을 누가 좋아할까? 그리고 고객을 먼저 생각하는 마인드부터 길러야 한다.

김밥 한 줄에 1만 원

중국 관광객을 유커라고 한다. 최근, 유커를 상대로 '1만 원짜리 김밥' 사건이 있었다. 한국을 찾은 유커들이 동대문 노점에서 김밥 한 줄을 사먹고 1만 원을 계산했다. 그 유커는 상점 주인이 자신들이 중국인임을 알고 바가지를 씌웠다고 주장한다. 그는 그것을 알았지만 해외에 와서까지 다투기 싫어서 요구한 돈 1만 원을 계산하고 나왔단다. 화가 난 그는 중국에 돌아가서 SNS에 이 사실을 올렸다. 그리고 "한국에 다시는 가고 싶지 않다."고 했다.

유커가 많이 와서 관광을 하고 소비를 하면 우리나라 경제에 큰 이익이 된다. 그러나 한국의 고질병인 바가지 요금 때문에 기분 좋게 한국을 찾은 관광객의 눈살을 찌푸리게 한다. 바가지 요금을 경험한 유커들은 한국에 대한 부정적인 소문을 퍼뜨린다. 그래서 한국을 찾는 유커들이 점점 줄어들고 있다. 바가지를 씌운 상점 주인은 조금의 이익을 봤을 수 있다. 그러나 이로 인해 다시 오지 않는 유커는 점점 늘어만 간다.

김밥 한 줄을 1만 원에 팔았다고 과연 이익일까? 이 사례가 하루에 한 개씩 황금알을 낳는 거위를 키우다가 일확천금을 노려 거위의 배를 가른 경우와 무엇이 다를까? 김밥 장수에게 김밥을 사줄 손님은 무한정 있는 것이 아니다. 손님은 김밥이 맛이 있고 친절하게 서비스를 받았을 때 다시 찾아온다. 해외여행을 다닐 정도의 사람이라면 세상물정도 잘 안다. 그리고 여행지에 대한 사전 조사를 통해서 여행지의 물가, 풍습, 관광지 등도 꿰뚫고 있다. 오히려 김밥 장사하는 사람보다 더 똑똑하고 세상물정에 밝은 사람들이다.

단지 해외에 나왔기에 여행의 좋은 추억을 망가뜨리지 않기 위해 따지지 않고 참을 뿐이다. 하루 장사하고 문 닫을 각오를 하는 사람은 아무도 없을 것이다. 찾아오는 손님이 많아서 매출도 늘고 번창하길 바랄 것이다. 그러려면 항상 고객을 먼저 생각하여 정직하고 친절한 서비스를 제공해야 한다. 이것이 바로 한번 온 손님을 다시 찾아오게 할 수 있는 묘약인 것이다. 절대로 황금알을 낳은 거위의 배를 먼저 갈라서는 안 된다.

잘되는 집은 이유가 있다

소문난 맛집 주변에는 비슷한 식당들이 많이 있다. 서울 중구의 맛집을 찾아갔는데 줄을 서는 사람들이 너무 많았다. 1시간은 족히 기다려야 한다고 했다. 그래서 그 주변 식당을 둘러보다가 한 식당에 들어갔다. 손님이 몇 명 있었지만 빈 테이블이 더 많았다. 음식점은 사람이 북적북적해야 맛있는 법이다. 손님도 없고 테이블도 앞 손님이 다녀간 흔적이 그대로 남아있다. 수저통도 뚜껑이 있는 것이 아니고, 그냥 둥그런 원통에 꽂혀 있다. 수저도 깨끗이 씻지 않았는지 음식물 찌꺼기가 붙어 있는 것도 있었다. 삼겹살을 주문하고 앞치마를 달래서 두르려는데 깜짝 놀랐다. 앞치마에 땟국물이 자르르 흘렀다. 순간 먹고 싶은 맘이 싹 가셨다. 차라리 옆의 맛집에서 1시간 줄서서 먹을 걸 그랬다고 후회했다.

잘되는 집은 이유가 있다. 우선 상품에 대한 특별함으로 소문이 나야 한다. 그리고 식당이라면 손님이 이용하는 테이블이나 의자가 거부감이 일지 않게 깔끔하고 편안해야 한다. 수저통도 깨끗하게 준비해야 하고, 앞치마도 자주 빨아서 접어 놨다가 손님에게 제공해야 한다. 손님을 맞이할 준비를 해 놓지 않고 손님이 오기를 기다리면 안 된다. 구걸하러 가는 것도 아니고, 내 돈을 내고 맛있는 음식을 먹고 싶은 게 고객의 심리이다. 그렇게 준비 없이 고객을 맞이하는 것은 고객에 대한 모욕이다. 고객은 대접을 받는다는 느낌이 들어야 만족하고 다음에 또 오고 싶어 한다. 한번 오고 마는 뜨내기고객만을 상대할 게 아닐 바에야, 그렇게 성의 없이 장사를 하면 절대로 안 된다. 요즘은 고속도로 휴게소와 그 화장실도 몰라보게 환경이 개선되고 서비스가 좋아졌다. 기존 고속도로 휴게소에 대한 인식은 급한 용변을 보고 시장기만 해결하는 장소였다. 그리고 휴게소를 운영하는 입장에서도 고객의 인식도 그 정도일 것이라 생각하고 딱 그 정도의 서비스만 제공했다. 그러나 요즈음은 놀랄 정도로 변신했다. 그런 소문을 듣고 덕평 휴게소를 찾았다.

푸드코트의 메뉴는 대충 한 끼를 때우는 그런 메뉴가 아니라 정성껏 준비한 맛깔스런 음식들로 새단장했다. 그리고 쇼핑몰도 있어서 편리하게 쇼핑도 할 수 있다. 화장실도 센스 있는 기술들로 재미를 가미해서 즐거움을 주었다. 또한 이곳은 애완동물의 휴게소로 유명하다. 애완동물의 각종 편의시설이 잘 마련되어 있다.

고객들이 마지못해 이용하던 곳이 이제는 가고 싶은 곳으로 탈바꿈 하는 경우가 많다. 고객의 마음을 읽고 고객의 요구사항을 찾아낸 노력의 결과이다. 미리 준비를 해 놓을 때 고객들의 등 돌린 발길이 다시 돌아온다. 고객들이 다시 오지 않는 이유는 고객에게 있는 게 아니다. 바로 나 자신에게 있는 것이다. 나 자신이 바뀌어야 한다. 나는 이만큼 준비했으니 최선을 다했다고 자만하면 안 된다. 최선을 다했는지 여부는 내 기준이 아니라 고객의 기준으로 평가 받아야 한다. 고객이 만족하면 다시 발길을 돌려 돌아오는 것이다. 고객이 줄을 서서 기다리는 것도, 고객이 다시 찾아오지 않는 것도 모두 내 탓이다. 모두 내가 하기 나름인 것이다.

6. 끊임없이 노력하고 연구하라

김밥 한 줄에 1만 원을 주고 사먹은 중국 여행객이 다시 한국을 방문하고 싶겠는가?

"손님이 왜 안오지?" 하면서 파리채로 파리만 잡지 말고 더 심각하게 고민을 해야 한다.

다시 오지 않는데는 분명히 이유가 있다. 그 이유를 면밀히 파악하고 분석하여 고객이 줄서서 찾아오게 해야 한다.

빨리 돈을 많이 벌려는 급한 마음에 황금알을 낳는 거위의 배를 먼저 갈라서는 절대로 안 된다.

7. 기대보다 높은 서비스를 하라

불만에 가득 찬 고객은 가장 위대한 배움의 원천이다.
– 빌 게이츠

꿩 대신 닭

법무업무를 할 때였다. 회사의 기본적인 소송업무는 법무담당 직원들
이 소송대리인으로 법원에 출석도 한다. 그러다 보니 외근이 잦을 수밖
에 없었다. 소송을 가면서도 수시로 사무실과 핸드폰으로 통화를 하면서
소송 진행시 진술 방법 등의 의견을 주고받았다. 그런데 그때의 과장님
이 "전화를 해도 잘 안 받네? 중요 전달할 사항이 있는데, 일부러 안 받
는 거 아냐?" 하시는 거였다.

내 핸드폰에는 부재중 통화 내역이 없었다. 걸려온 전화는 없다고 변

명은 했지만 정말 변명 같았다. 당시 통신사의 기지국에 따라 통화가 안 되는 지역이 가끔 있다는 얘기는 왕왕 들었다. 하지만 이런 일이 몇 번 더 있으면 내 이미지만 안 좋아질 것 같았다. 그래서 내친김에 통화가 잘 된다는 통신사로 갈아탔다. 그때 이후로 전화를 안 받는다는 얘기는 쏙 들어갔다. 그때 이후 쭉 같은 통신사만 이용하고 있다. 그때 통신사를 변경해서 전화를 안 받는다는 오해는 확실히 없앴다. 요즈음은 통신시장이 잘 발달되어 있어서 어느 통신사나 전화는 잘 터진다.

고객이 물건을 구입하고 사용할 때, 가장 중요시 하는 것이 기본상품이 제 구실을 하는가이다. 기본상품은 안 좋고 부가 서비스나 할인 등이 좋을 수 있다. 그런 경우에 고객들은 기본상품에 대해서는 거기서 거기라고 위안하고 부가 서비스를 보고 구매를 한다. 그런 상품은 조금만 써보면 알 수 있다. 기대했던 기본상품 기능이나 품질이 심하게 떨어지면 실망감과 아울러 배신감도 든다. 고객에게 서비스를 제공하는 경우라면 먼저 기본 상품의 품질을 완벽하게 갖춰야 한다. 이것이 뒷받침되지 않으면 아무리 부가 서비스나 가격이 저렴하다고 하더라도 고객은 발길을 돌린다.

식당에서 밑반찬의 가짓수는 많은데, 주 메뉴의 맛이 형편없다면 그곳을 다시 찾겠는가? 부가 서비스는 말 그대로 주지 않아도 되는 서비스이다. 그렇기 때문에 이 부가 서비스에만 초점을 맞춰선 안 된다. 그 이전에 기본상품 서비스에 심혈을 기울여 탁월한 입지를 굳혀야 한다. 이러한 기본상품과 부가 서비스의 기준에 대해서는 시대를 초월하여 공통된 진리이다. 기본에 충실해야 한다.

제주 여행을 갔을 때 일이다. 잠수함을 타고 싶어서 미리 예약도 했다. 제주 여행을 여러 번 갔지만 잠수함은 처음이었다. 그래서 TV나 사진으로만 보던 바다 속을 직접 볼 수 있다고 생각하니 설레었다. 그날따라 비가 오고 바람이 불었다. 기상악화가 심하면 일정이 취소될 수 있다는 안내 방송이 나왔다. 우리 차례가 되어서 배를 타고 잠수함이 있는 곳까지 갔다. 잠수함으로 갈아타는데 비가 와서 배 갑판이 조금 미끄러웠다. 배에서 잠수함으로 옮겨 타는 사다리를 건너가는데 불안했다. 그 때는 다섯 살 된 아들을 안고 가니 더 조심스러웠다.

조심해서 잠수함으로 옮겨 탔다. 잠수함 안으로 들어가니 물방울이 한두 방울 뚝뚝 떨어진다. 안내방송에서는 수압 때문에 물이 조금씩 샌다고 했다. 그러려니 했지만 불안했다. 한참을 가도 기대했던 산호초가 보이지 않았다. 기상악화 때문이라는 방송이 또 나왔다. 좀 있자니 창밖으로 잠수부가 죽은 가오리를 들고 반갑게 맞이한다. 마치 가오리가 살아 있는 듯 연기를 했다. 그렇게 해서 잠수함 체험은 끝이 났다.

고객은 구매를 할 때에 기본 상품에 대한 기대를 한다. 헛된 기대가 아니라 가격을 지불하는 만큼의 정당한 기대를 한다. 구매 후 그 기대가 실망으로 바뀌고 나면 허탈하기 이루 말할 수 없다. 제주에서의 잠수함 체험은 큰 기대를 했던 만큼 허탈감이 컸다. 팸플릿이나 사진에서의 광고는 정말 안 가보면 후회할 정도의 유혹이었다. 물론 광고의 과장됨은 이해한다. 누구라도 자기 상품에 대한 광고는 좋은 것은 더 강조하고 단점을 드러내지 않기 마련이다.

내가 경험한 잠수함 체험의 가장 큰 문제는 안전이었던 것 같다. 잠수함에서 배로 갈아 탈 때의 안전장치가 너무 미흡한 점과 잠수함을 타고 갈 때 천장에서 물방울이 뚝뚝 떨어지는 상황은 불안감을 증폭시켰다. 고객들이 서비스를 이용할 때 기본서비스를 누리는 것도 중요하지만 그보다 더 중요한 것은 고객의 안전 문제다. 안전이 보장되지 않는 상태에서 서비스를 누리는 것, 그것은 안전장치를 하지 않은 상태에서 롤러 코스트를 타는 것과 같다.

고객의 안전이 모든 서비스에서 가장 중요한 기본이다. 특히나 세월호 사태 이후로 안전에 대한 관심은 더욱 증폭되었다. 그래서 이제는 제주 잠수함 체험도 이 부분은 많이 개선되었을 것이다. 그 다음은 기본 서비스 문제이다. 산호초와 바다 속 물고기를 전혀 감상할 수 없었다. 날씨가 나빠지면 기상악화로 인해 서비스가 미흡해졌다고 안내를 하는 것이 도리이다. 그런데 그렇게 하지 않고 잠수부를 투입해서 죽은 가오리를 들고 보여주는 것은 고객을 우롱하는 것이다. 꿩 대신 닭이라는 느낌은 어처구니가 없다. 내가 제공하는 기본 서비스가 안 될 때는 정중하게 사과해야 한다. 그러면 고객은 인정하고 다른 선택을 하는 것이다. 삼겹살이 없다고 소고기를 먹으라는 경우와 같다. 회사에서 회식을 할 때 식당에서 각 1인분씩 먹고 추가로 시키려고 하니까 삼겹살은 동이 났고 소고기밖에 없다고 한다. 회식의 분위기는 무르익는데 마지못해 비싼 소고기를 먹은 해프닝이 기억난다. 재료가 없으면 옆집에서라도 빌려 오는 게 도리이다. 고객에게 제공하는 서비스는 최선을 다해야 하는 것이다. 그때 이후 잠수함은 두 번 다시 탈 생각이 없고, 혹시 주변에 잠수함을 타러 가는 사람이 있으면 그때의 얘기를 하며 주의를 당부한다.

대충 해놓고 고객들을 맞이한다고?

가족이 나들이를 갈 때 숙박은 주로 휴양림을 이용한다. 휴양림의 우거진 숲에서 자연을 느끼는 것이 매력이다. 휴양림은 미리 예약도 해야 할 만큼 많이들 이용한다. 한번은 경기도의 개인이 운영하는 휴양림에 갔다. 꼬불꼬불 산길을 한참을 운전해서야 도착 할 수 있었다. 예약한 방을 확인하고 방 열쇠를 받았다. 관리실 직원이 말하기를 "식기류는 준비해오지 않았으면 여기서 5천원 주고 대여하세요." 하는 것이었다. 순간

너털웃음이 나왔다. 휴양림에 오면서 누가 식기를 가져오나, 이건 장삿속이구나 생각했다. 어쨌거나 5천원을 주고 식기류를 받아드는데 찌그러진 양푼에 오래된 스테인리스 식기들이 담겨 있었다. 객실에 가보니 인테리어가 조잡했다. 원룸식인데 베란다 창은 왜 그리 높고 조그맣게 만들었는지 답답했다. 집사람이랑 얘기했다. "최악이다. 다음에 여긴 절대 오지 말자."

상품이나 서비스에 대해서는 고객들이 기대하는 수준이 있다. 최소한 평균은 된다고 기대한다. 그 기대가 무너지면 실망한다. 실망을 하게 되면 다시는 방문하지 않는다. 휴양림 사례에서와 같이 고작 5천원을 더 벌려고 식기류를 빌려주는 것은 소탐대실이다. 그것도 찌그러지고 오래된 식기를 말이다. 누구를 위해서 설계를 한 건지 알 수도 없는 객실서비스에 만족이 될 리 없다. 고객이 한번 다녀 간 후 오지 않으면 그 이유를 찾아야 한다. 그냥 우리랑 안 맞는 손님이라고 치부하면 결국에는 망하는 길밖에 없다. 조금만 더 신경을 써서 고객의 시선으로 시설이나 서비스를 바라보면 충분히 개선된 서비스를 제공할 수 있다. 그러면 한번 온 고객은 만족하고 반복하여 찾아오게 된다. 이렇듯 고객이 한 번 오고 두 번 오게 하는 것은 내 하기 나름이다.

최근에 중국 5성급 호텔에서 객실 청소하는 장면이 화제가 되었다. 변기 닦는 걸레로 물컵을 닦고, 변기의 물로 닦고 헹구는 모습은 세계를 경악케 했다. 5성급 호텔이면 기대하는 게 있는데 실제로 청소하는 모습에 실망이 이만저만이 아니었다. 그런 모습을 보고 누가 가고 싶을까? 고객들은 기대에 미치지 못하는 서비스를 받거나, 준비과정이 기대 이하이면 실망을 하고 돌아선다. 겉모습은 최고를 지향하면서 실제 서비스 수준이 형편없다면 고객을 잡을 수 없다. 이러한 직원의 행위는 관리시스템의 문제이고 직원 의식의 문제이다. 보이지 않으면 대충대충 해도 된다는 직원의 의식을 개혁해야 한다. 이것을 못하면 고객으로부터 외면당하게 된다. 내부에서 먼저 철저한 자기반성을 통한 개혁 없이는 고객을 유혹하기 어렵다. 뉴스를 접한 사람들이 그 호텔에 과연 다시 방문할까 의문이다.

고객이 다시 오지 않는 가장 큰 이유는 만족하지 못했기 때문이다. 만족하지 못했다는 것은 상품이나 서비스가 기대에 미치지 못해서이다. 고객만족을 위해서는 뼈를 깎는 노력을 해야 한다. 고객의 안전도 무엇보다 중요하다. 고객의 안전 없이 서비스를 제공받는 것은 안전벨트 없는 롤러 코스트를 타는 것과 같다. 고객이 실망하고 다시 오지 않으면 다른 새로운 상품이나 서비스를 찾는다. 새로운 상품과 서비스에 끌릴 때 새로운 곳의 단골이 된다. 다른 새 상품에 빠진 고객은 나를 잊게 된다. 가장 두려워할 것은 고객의 기억 속에서 잊혀지는 것이다. 잊혀질 때 언젠가 우리는 없어지게 된다는 사실을 명심해야 한다. 고객을 떠나보내고 떠난 고객을 그리워하면 그때는 늦었다. 잊혀지지 않기 위해서는 고객이 재방문 하지 않는 이유를 생각하고 바꿔야 한다.

7. 기대보다 높은 서비스를 하라

변기 닦는 걸레로 물컵을 씻고, 변기의 물로 헹구는 호텔에 누가 다시 가고 싶을까?

석고대죄 반성을 하고 뼈를 깎는 노력으로 거듭나야 한다.

가장 우선시할 것은 위생 등 고객의 안전이다. 안전이 보장되지 않는 상태에서 제공받는 서비스는 안전벨트 없이 롤러코스터를 타는 것과 같다.

고객이 생명을 담보로 해 가면서 서비스를 이용하려고 하는 경우는 절대로 없다.

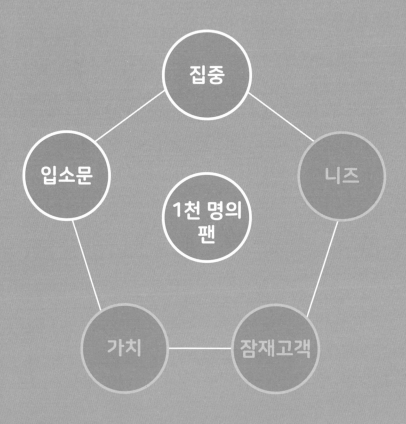

2장

1천 명의 팬을
이끄는 것은 입소문이다

- **메러비안의 법칙**
  7:38:55의 비율, 소통에서 언어적 요소가 7%, 청각적 요소가 38%, 시각적 요소가 55%이다.

1. 최고의 마케팅은 입소문이다

발 없는 말이 천 리 간다.
– 한국 속담

아파트에 김칫독을 묻다

동화에 보면 호랑이가 제일 무서워하는 것이 곶감이다. 할머니가 손자를 달래기 위해 하는 얘기를 호랑이가 오해해서 들었기 때문이다. 그럼 사람이 제일 무서워하는 게 뭘까? 바로 소문이다. 소문에 죽고 소문에 사는 게 인생이다. 어디에서나 소문 때문에 골머리를 앓기도 하고 문제가 생긴다. 사람의 말은 "발없는 말이 천리를 간다."고 할 정도로 빠르고 멀리 퍼진다. 그런데 이 무서운 소문으로 돈 버는 사람들이 있다. 바로 입소문으로 말이다.

만도라는 회사는 잘 몰라도 "딤채"를 모르는 사람은 없을 것이다. 딤채는 김치냉장고의 대명사로 알려져 있다. 만도가 김치냉장고의 개발에 뛰어들어 수백 차례의 시행착오를 거듭하면서 95년에 김치냉장고 딤채를 개발해냈다. 만도는 원래 자동차 부품을 주력으로 생산하던 회사였다. 주로 기업 간 거래를 했기 때문에 마케팅 부서도 제대로 없었다. 그러기 때문에 대대적인 광고나 제품 출시 설명회를 하려고 해도 경험이 부족해서 마케팅 비용도 제대로 쓸 수가 없었다. 직원들이 머리를 맞대어 짜낸 아이디어가 이웃을 통해 소문이 퍼지는 입소문 마케팅이었다. 먼저 타깃 고객층으로 선정한 것은 강남아줌마였다.

40대 중상류층 강남아줌마를 공략하기로 했다. 강남지역 문화센터, 수영장, 헬스클럽 등에서 제품을 직접 보여주고 판촉행사를 진행했다. 그 결과 입소문이 퍼지면서 95년 첫해에 4,000대, 96년에는 2만 대, 97년에는 8만 5,000대가 팔렸다. 딤채가 인기를 얻자 삼성, 엘지 등 대기업에서 김치냉장고를 선보였다. 이에 만도는 김치냉장고 하면 딤채라는 브랜드 인지도를 배경으로 반격을 하고 있다.

"궁하면 통한다."는 말이 있다. 아무리 힘든 상황이더라도 절실하게 노력하면 해결책이 보인다. 냉장고가 보급된 상태에서 김치만을 따로 보관하기 위한 김치냉장고를 출시해서 흥행을 일으키기에는 한계가 있었다. 더군다나 만도는 브랜드 인지도가 강한 대기업도 아니기에 시장을 뚫기가 힘들었다. 하지만 만도는 딤채의 성공을 확신했다. 우리나라는 아파트가 주거문화로 자리 잡고 있다. 그러다 보니 겨울에 김장을 해서 김장독을 묻을 수가 없다. 그렇다고 일반 냉장고에 김치를 보관하면 온도가 맞지 않아 익은 김치가 아니고 신 김치를 먹어야 했다. 이런 틈새를 딤채가 잘 겨냥했다. 주부들의 김장독 대용으로 김치 보관 방법에 대한 니즈가 충분히 있었다.

일반 냉장고가 있는데 김치만을 보관하는 김치냉장고를 팔기에는 분위기가 성숙되지 않았다. 그렇다고 대기업 같이 막대한 광고비용을 쏟아부어 홍보를 할 수 있는 것도 아니었다. 김치 보관에 대한 니즈가 가장 강한 40대 강남아줌마를 공략해서 돌파구를 찾았다. 결과는 적중했다. 체험을 해본 고객이나 구매한 고객들은 저마다 입에서 입으로 소문을 전했다. 정말로 발 없는 말이 천리를 간 것이다. 내 상품을 필요로 하는 타깃층을 선정해서 직접 체험으로 자연스럽게 입소문이 났다. 딤채는 타깃을 정해서 입소문을 통한 마케팅으로 단숨에 독보적인 위치를 확보할 수 있었다. 만도가 세상에 없던 김치냉장고 딤채를 만든 것은 혁신이었다. 대한민국 주부라면 누구나 니즈가 있는 김칫독, 하지만 주거환경의 변화로 김칫독을 묻을 땅이 없었다. 이런 상황에서 김칫독과 땅을 필요로 하는 주부들에게 김치냉장고는 혁신적인 제품이었다. 공간적인 제약을 한 꺼번에 해소할 수 있었다. 이렇듯 탁월한 제품 성능에 못지않게 입소문 마케팅으로 대흥행을 일으켰다는 것은 주목받을 만하다.

좋은 건 소문이 나기 마련이다

전남 장흥군 용산면 운주리 쇠똥구리 마을에서 80kg들이 한 가마에 200만 원 하는 '적토미'가 생산된다. 이는 80kg들이 가마당 15~16만 원 하는 일반 쌀에 비해서는 12~13배 이상 비싸다. 적토미는 수확량이 일반 벼의 25%에 불과하고 키가 큰 탓에 바람에 쉽게 쓰러지는 등 재배가 어려운 품종이다. 하지만 척박한 땅에서도 잘 자라며 화학비료 등도 전혀 필요없기에 순수 유기농법으로 재배된다. 비싼 값에도 불구하고 쇠똥구리 마을에는 홍보나 광고도 없었는데 구입 문의가 줄을 잇고 있다. 바로 먹어본 사람들의 입소문이 퍼졌기 때문이다.

한때는 겉이 붉고 품질이 낮아 '앵미'라고 불리며 천덕꾸러기 취급을 받았었다. 앵미라는 이름은 나쁜 쌀을 뜻하는 악미惡米에서 나온 것으로 추정된다. 하지만 "쇠똥구리 유기농 작목회"가 지난 2003년 이 품종을 선택해 유기농으로 재배하면서 최고급 쌀로 인정받고 있다. 적토미에는 염증이나 피부노화를 막는 성분이 함유되어 있고, 혈압을 떨어뜨리는 성분도 함유되어 있단다. 이런 연유로 없어서 못 팔 정도로 인기를 끈다.

건강을 위해서라면 비싸더라도 지출을 할 수 있는 소비자들이 있기 때문이다.

적토미가 비싼 가격임에도 잘 팔리는 이유는 자체의 뛰어난 기능에 비해 생산량이 한정적이라는 희소성에 기인한다. 여기에다 제한된 물량이라는 것에 관심이 증폭되어 높은 수요를 이끌어 냈다. 적토미는 마치 원석을 다이아몬드로 가공한 것과도 같다. 사람들은 광고나 홍보보다도 주변 사람들의 입소문에 많이 의존한다. 건강이라는 것은 사람들의 귀를 기울이게 한다. 대대적인 홍보나 광고가 없더라도 발 없는 말이 천리를 가듯 입소문이 퍼지게 된다.

한경희 생활과학은 스팀 청소기로 유명하다. 한경희 대표는 공무원 출신으로 두 아이의 엄마이자 워킹맘이었다. 일과 가사를 어떻게 해 나갈까 하는 고민이 한경희 생활과학의 출발점이었다. 1999년 한영전기를 설립해서 스팀청소기 개발에 착수했다. 집 담보로 1억 원을 대출받는 등 주부로서 배포가 컸다. 밑 빠진 독에 물 붓기처럼 투자금을 10억 원 정도 사용했다고 한다. 급기야 사업을 포기할 상황까지 치닫기도 했단다. 그런데 뜻밖의 행운이 찾아왔다. 바로 TV 홈쇼핑이었다. TV 홈쇼핑을 타면서 주부들 사이에 입소문이 나기 시작했다.

주부들은 아이들과 가족의 건강을 최고로 생각한다. 스팀 청소기는 살균처리 효과가 있어서 청소를 하면서 소독까지 하는 점에서 주부들에게 먹힌 것이다. 그때 이후로 한경희 생활과학은 대박이 났다.

한경희 생활과학은 대한민국 주부의 신화창조다. 주부였기 때문에 주부들이 가사 일을 하면서 불편한 점이나 아쉬운 점을 잘 파악하고 있었다. 그러한 불편했던 점을 스스로 개선하기 위해서 회사를 세우고 투자를 하여 제품 완성에 성공한다. 하지만 많은 시간 고생하고 거액을 투자하여 생산한 제품에 대한 판매가 문제였다. 제품만 만들어 놓으면 팔릴 줄 알았는데 현실은 생각과 같이 녹록치 않았다. 제품의 판로를 고민하다가 TV홈쇼핑에서 주부들의 관심을 끌었다. 스팀청소기라는 것은 가정의 세균을 없애고 가족의 건강을 지켜주는 신선한 아이콘이었다. 가족의 건강과 생활에 대한 문제를 주부들이 놓칠 리가 없다. 홈쇼핑에 한번 방송되자마자 입소문을 타서 스팀청소기는 베스트셀러가 되었다. 주부들의 니즈를 정확히 꿰뚫고 정조준한 제품 출시가 획기적이다. 이러한 폭발적인 니즈는 순식간에 입소문에 의해 퍼져나가게 된 것이다.

입소문은 중요한 마케팅으로 자리매김을 했다. 그러나 입소문 하나만으로 마케팅을 해서 매출을 올리기에는 한계가 있다. 사람도 혼자 독불장군으로 세상을 살아갈 수 없듯이, 마케팅도 여러 가지가 복합적으로 어우러져야 한다. 먼저 팔고자 하는 상품이나 서비스가 획기적이고 혁신적이어야 한다. 이미 시중에 나와 있는 제품과 유사하다면 가격이 특별히 싸지 않는 이상 관심을 끌지 못한다. 입소문으로 가기 위한 촉매제가 필요하다. 홈쇼핑이든 체험마케팅이든 불문하다. 주로 이용하는 방식은 출시 전 시제품 체험이다. 체험단을 모집해서 그들의 긍정적인 경험을 전파를 하게 할 때 자못 효과가 크다. 입소문은 다른 수단과 병행할 때 상승효과가 크다는 것을 기억해야한다.

8. 최고의 마케팅은 입소문이다

'발 없는 말이 천 리를 간다.'는 속담처럼 딤채는 입소문으로 최고의 마케팅 효과를 누렸다. 광고비를 많이 쓴다고 해서 최고의 마케팅이 되는 것은 아니다.

마케팅의 목적은 내 상품과 서비스를 알려서 많이 사게 하는 것이다. 대상 고객군을 타깃으로 정해 입소문을 나게 해서 판매하는 것은 정곡을 찌르는 마케팅이다.

사람을 죽일 수도 있다는 입소문을 마케팅으로 활용하는 것은 최고의 전략이다.

2. 남과 다르게 해야 성공한다

남들과 다르다는 이유만으로 꼭 필요한 사람이 되는 것은 아니다.
하지만 꼭 필요한 사람이 되는 유일한 방법은 남들과 달라지는 것이다.
남들과 다를 것이 없다면 무수한 사람들 중 한 명에 불과하다.
대체불가능한 사람만이 살아남을 수 있다.
– 세스 고딘

끊임없는 노력이 고객을 만족시킨다

생명체가 생존하고 번식하기 위해서는 암·수의 번식으로 가능하다. 암·수 중 한쪽만 있으면 더 이상 그 종의 번식은 불가능하고 단종될 수밖에 없다. 아프리카의 한 개구리 종은 암·수 중 한쪽이 없으면 스스로 암수전환이 된다. 그래서 포식자에게 잡아먹혀 개체수가 부족해서 암수 중 한쪽이 없더라도 최소 둘 이상만 살아남으면 번식이 가능하다고 한다. 이 개구리는 처음부터 암수 전환이 가능한 게 아니었다. 생존과 종족

보존을 위해 DNA가 세대수를 거듭하면서 진화되었다. 이처럼 살아남기 위해서는 자신의 본성도 뛰어넘어야 한다. 이런 일이 비단 동물의 세계에서 일어나는 것만은 아니다. 사람 사는 세상은 더 치열하다.

국민타자 이승엽 선수는 굳이 설명하지 않아도 누구나 안다. 이승엽 선수는 태어날 때부터 국민타자가 아니었다. 고등학교 때까지 투수로 활동하다가 팔 부상으로 타자로 전향했다. 다른 선수보다 몇 배 이상 훈련해야 했다. 이승엽의 기량이 꽃 피기 시작한 것은 97년. 타율 3할2푼9리에 32홈런을 기록하며 정규시즌 MVP가 됐다. 이승엽은 99시즌 5월 한 달에만 15홈런을 몰아치며 기세를 올리더니 오 사다하루의 아시아 한 시즌 홈런 기록55개에 하나 모자란 54홈런의 대기록을 세웠다. 시원한 홈런쇼로 국민들에게 즐거움을 줬다 해서 이때부터 "국민타자"란 닉네임이 붙었다.

2003시즌, 이승엽은 정규시즌 최종전인 대구 롯데전에서 2회에 이정민을 상대로 시즌 56호 솔로 홈런을 터뜨려 오 사다하루의 55홈런 기록을 넘어섰다. 그해 기록한 144타점 역시 지금도 한 시즌 최다 타점으로 남아있다. 그러나 미국 메이저 리그 진출은 조건이 맞지 않아 일본으로 가야했고, 일본에서 2군으로 떨어지는 수모도 겪었다. 2017년 10월 3일, 은퇴 경기 후 현재는 한국야구위원회 홍보대사를 맡고 있으며, 이승엽

야구장학 재단을 설립하여 야구를 꿈꾸는 유소년 야구선수를 후원하고 있다.

이승엽 선수는 투수를 하다가 부상으로 좌절할 수 있었는데 타자로 변신을 했다. 보통 사람 같으면 할 수 없는 그런 변신을 일찍부터 한 것이다. 그렇다고 선수생활이 순탄한 것만도 아니었다. 국민타자란 타이틀에 오르기까지 남들보다 야구배트를 수만 번 더 휘두르는 연습을 해야했다. 시즌 56호 홈런도 터뜨렸지만 메이저리그 행 좌절과 일본에서의 2군행의 수모도 있었다. 하지만 이를 딛고 다시 서는 용기로 변함없는 국민타자로 우뚝 설 수 있었던 것이다. 또한 은퇴 후에도 남들이 하지 않은 야구장학재단을 설립하여 유소년들에게 꿈을 심어주고 있다.

이승엽의 야구 인생은 도전의 삶이었고 남과는 다른 혁신적인 삶이었다고 할 수 있다. 남다른 노력과 열정이 현재의 이승엽을 만들었다. 자기 뼈를 깎는 노력이 있었기에 이승엽 선수의 고객은 삼성라이온즈 팬들에만 국한된 것이 아니라 전 국민이 된 것이다. 고객 서비스 입장에서 보면 이승엽 선수는 고객인 국민에게 IMF를 극복할 수 있는 희망과, 아시아 야구의 도약이라는 기쁨을 안겨줬다. 최고의 홈런왕이 되었다고 거기에 안주했거나, 국민타자가 되었다고 거기에 안주했거나, 은퇴했다고 그냥 편하게 즐기면서 살고자 했다면 고객인 국민들은 더 이상 열광하고 환호

하지 않았을 것이다. 고객들을 위해 끊임없이 노력하는 것이 이승엽만의 남들과 다른 특별한 서비스였다. 그의 행동 하나하나는 고객에게 감동으로 전해졌다. 이런 서비스는 그 누구에게도 없는 이승엽 선수에게만 있는 것이었다.

모난 돌이 정 맞는 것이 아니라, 튀어야 산다

한국 책쓰기 성공학 코칭협회의 김태광 대표는 22년 동안 책쓰기 한 길만을 걸어왔다. 그의 대표 저서는『마흔, 당신의 책을 써라』이다. 마흔 두 살인 그는 지금까지 펴낸 책이 200여 권이 되며, 16권의 초중고 교과서에 김태광 대표의 글이 수록돼 있다. 하지만 김태광 대표의 인생은 순탄하게 전개된 것은 아니었다. 주유소 아르바이트, 신용카드 회원모집 영업, 일용직 노동, 잡지사 기자 등 안 해본 일이 없었다. 하지만 책을 쓴다는 꿈은 변함이 없었다. 생활비도 해결하지 못하는 상황이었지만, 책쓰기의 열망으로 2011년에는 35세의 나이에 저서 100권을 집필한 공적을 인정받아 대한민국기록문화대상을 최초로 수상했다. 지금은 책쓰는 노하우를 바탕으로 작가, 강연가 등을 양성하기 위한 코칭을 하고 있다. 지금까지 600여 명을 배출했고, 2020년까지 1,000명의 작가 배출이 목표이다.

김태광 대표는 책을 쓰기 유리한 환경이 아닌데도 불구하고 모든 역경을 헤치고 꿈을 이뤄냈다. 평생 책 한 권을 쓰기도 어려운데 마흔 두 살의 나이에 200여 권을 썼다는 것은 인간승리인 것이다. 이러한 경험을 바탕으로 자신의 노하우를 쏟아 부어 책을 쓰고 싶은 사람들에게 책쓰기를 가르치고 있다. 책쓰기 과정을 밟는 수강생은 그의 고객이다. 남들과는 다른 책쓰기 경험은 최고의 서비스로 다듬어져 고객들에게 제공되고 있다.

그의 코칭 기법에 따라, 빠르면 한 달 내에 책을 써내는 경험을 직접 해볼 수 있다. 이것이 바로 고객감동이다. 한 달 전에는 감히 상상도 못한 일이 일어나는 것이다. 유일무이한 경험으로 감동과 감격의 고객 서비스를 제공하고 있다. 책을 한두 권 쓰고 책쓰기 코칭을 제공하는 서비스와는 거리가 멀다. 최근 몇 년 사이에 600여명의 작가를 배출해 낸 것이야말로 그의 탁월한 지도력을 증명하는 일이다.

아마존이란 회사는 다 알 것이다. 아마존은 제프 베조스가 설립한 미국 최대의 전자상거래 회사이며 그 영역을 점차 확장하고 있다. 아마존이 우리 돈 1조 3,000억 원 가량에 인수한 자포스란 회사가 있다. 자포스는 온라인 신발 쇼핑몰이다. 자포스는 콜센터에 핵심 인력을 배치하고 직원 개개인이 고객을 감동시킬 수 있는 노력을 하였다. 고객과의 통화 시간에 제한을 두지 않고, 고객이 이해하고 만족할 때까지 충분한 통화를 하게 했다. 오히려 하루에 몇 통 이상을 못하게 하여 직원들의 부담감을 없앴다.

물건을 파는 회사가 아닌 '서비스 기업', 신발이 아닌 '감동적인 경험'을 파는 기업이란 점이 고객의 마음에 전달됐다. 그래서 매출이 가파르게 성장했다. 예를 들어 고객이 원하는 신발이 자포스에 없을 경우에는 다른 쇼핑몰을 검색하여 가격과 정보를 알려준다. 화재로 불탄 고객의 집에 새 신발을 배달해주고, 생일을 맞는 소비자에게 생일 축하 카드를 보냈다. 특이한 것은 자포스의 콜센터에는 감동 서비스를 위한 업무 매뉴얼이 전혀 없었다. 직원 개개인의 마음에서 우러나는 서비스이다. 회사도 이러한 감동서비스를 한 직원을 칭찬한다. 수익 창출이 아닌 고객감동을 핵심가치로 삼아서 가능한 것이었다.

회사의 비전이나 전략으로 고객중심 및 고객가치를 추구하는 회사들은 많이 있다. 그러나 실질적으로 고객이 감동을 받기 위해서는 경영자부터 현장 직원까지 오로지 고객만을 생각하는 의식의 전환이 있어야 한다. 자포스는 콜센터 조직을 모두 정규직으로 구성했다. 고용의 불안정성이 없는 직원들은 오로지 고객 서비스에만 전념할 수 있다. 더 중요한 것은 고객과의 통화를 함에 있어서 업무 매뉴얼이 전혀 없다. 오로지 직원 각자의 역량에 맡기는 것이다.

고객이 감동을 받기 위해서는 경영자부터 현장 직원까지
오로지 고객만을 생각하는 의식의 전환이 있어야 한다.

물건을 하나라도 더 판매하라고 목표를 주는 것도 아니다. 고객과의 통화를 할 때는 최대한 고객이 이해하고 만족할 수 있는 서비스를 제공하라는 것이다. 이런 업무방침을 결정하기란 경영진의 입장에서도 쉽지는 않았을 것이다. 그렇지만 철저하게 고객중심으로 고객의 입장에서 생각할 때 가능했을 것이다. 자기 업무에 만족한 직원이 고객에게 만족과 감동의 서비스를 제공하는 것이다. 감동 서비스를 받은 고객은 자연스럽게 재구매를 통한 단골고객이 된다. 자포스가 다른 기업들과 똑같은 방식으로 매출에 초점을 두고, 직원의 생산성과 통화시간을 관리했다면 그렇게 성장할 수 없었을 것이다. 또 아마존이 눈독을 들여 인수하지도 않았을 것이다. 고객가치를 지향하며 남들과 다른 차별화된 서비스를 제공함으로써 고객들을 감동시키고 사랑을 받을 수 있는 회사가 되었다.

살아남으려면 남과 다르게 하라. 과거를 기억하는 것은 평범했던 때가 아니라 특별하거나 인상적이었던 순간이다. 고객들도 평범한 서비스나 경험은 기억을 하지 못한다. 남들보다 특별하고 독특한 서비스를 할 때 기억 속에 남는다. 고객들의 기억 속에 남아야 우리를 다시 찾을 수 있다. 고객들에게 특별한 서비스를 주기 위해서는 노력한 이승엽 선수, 김태광 대표, 자포스 같이 끊임없이 노력하여 차별화된 서비스를 만들어야 한다. 남들과 다른 고객 서비스는 선택의 문제가 아니다. 바로 생존의 문제이다. 아프리카 개구리가 생존과 종족보존을 위한 암수 전환이 가능하게 진화 했듯이, 우리도 살아남으려면 남들과 다른 고객 서비스를 준비해야 한다. 우리의 생존권을 쥐고 있는 것은 바로 우리를 잊지 않고 기억하는 고객뿐이다.

9. 남과 다르게 해야 성공한다

생존과 종족 보존을 위해 암수 전환이 가능한 아프리카 개구리처럼 살아남기 위해 완전히 바뀌어야 한다.

이승엽 선수가 투수에서 타자로 변신한 것이 그렇다. 고객들에게 선택을 받기 위해서는 끊임없는 노력과 변신을 해야 한다. 남들과 같이 해서는 잊혀지고 사라지게 된다.

노력과 변화의 중심에는 항상 고객이 있어야 한다.

바로 고객이 지향점이 되어야 하다.

내가 스스로 변하지 않으면, 남에게 변화당할 수 있다.

3. SNS로 마케팅하라

설득하고 싶다면 이성적으로 말하지 말고 흥미롭게 말하라.
– 벤자민 프랭클린

이젠 손가락질로 돈 번다

출퇴근 시간 지하철에서는 모두들 고개를 숙이고 스마트폰에 푹 빠져 있다. 스마트폰이 나오기 전에는 책이나 신문을 봤었다. 그러나 지금은 대부분의 승객들은 스마트폰만 들고 있다. 이들이 가장 많이 하는 것은 카카오톡과 게임이다. 카카오톡, 페이스북, 트위터, 블로그 등은 SNSSocial Network Service로써 소통과 공감을 위해 주로 이용한다. 요즘은 SNS가 소통을 넘어 돈을 벌 수 있는 마케팅 수단으로 진화되고 있다.

엔제리너스 커피는 다른 브랜드에 비해 페이스북 개설 역사가 길지 않다. 하지만 페이스북에서 업계 최초로 팬 숫자 11만 명을 넘었고, 현재는 140만 명이 넘고 있다. 엔제리너스의 페이지는 무엇보다도 따뜻함이 느껴지게 꾸며졌다. 은은하고 중후한 이미지의 커피 사진을 올려서 사진에서도 커피의 향을 느낄 수 있다. 엔제리너스의 페이스북에 가면 훈훈한 사람냄새가 나고, 소통을 하고 있다는 기분이 들게 한다.

바로 이것이 중요한 포인트다. 대부분의 페이스북이 상업적인 홍보만하는 것과 확연한 차별성을 느낄 수 있다. 즉 고객과의 진정성 있는 소통을 한다는 느낌이 든다. 이 때문에 자연스럽게 마케팅의 효과도 생긴다. 각종 이벤트를 통해 고객들의 참여 기회를 제공해서 새로운 고객들이 들어오고 있다. 또한 이벤트에 당첨된 고객들이 블로그 등에 올리면서 저절로 홍보가 되는 효과도 크다.

엔제리너스 커피는 타 브랜드에 비해 인지도가 강한 편이 아니다. 게다가 페이스북 진출에도 늦었지만, 자신만의 독특한 이미지를 만들어 냈다. 온라인 공간에서의 차가움과 기계적인 느낌을 극복하기 위해 커피의 은은하고 중후한 이미지를 살린 사진을 올린 것이다. 인간적인 면을 부각시키고 감정을 자극해 많은 이의 호응을 얻었다. 이렇게 "인간적이다.", "소통이 된다."는 이미지로 어필이 되어, 찾아온 사람들은 누구나

가 '좋아요'를 누르게 되었다. 엔제리너스는 사람들의 정서를 잘 간파하여 SNS에서 독보적인 입지를 굳힐 수 있었다. 엔제리너스가 페이스북에서 성공하자 이를 벤치마킹 하는 사례도 많이 생겼다. 더군다나 최근에는 아메리치노라는 신상품을 출시하면서 세련된 커피잔을 선보여 인기를 누리고 있다. SNS 마케팅으로 성공하고 싶은가? 그렇다면 상품을 담지 말고 진정성을 담아야 한다. 고객과의 진정성 있는 소통이 성공의 열쇠다. 즉, 진정성을 느낄 때 고객들은 '좋아요'를 누른다.

이케아IKEA는 스웨덴의 조립식 가구 제조 기업이다. 이케아는 다국적 기업으로 재미있는 이벤트를 자주 개최하여 고객들의 관심을 끌고 있다. 한번은 이케아 카탈로그를 보고 자기가 갖고 싶은 제품을 사진을 찍어 제품명과 함께 해시태그를 달아 인스타그램에 올리면 추첨을 해서 자기가 원하는 제품을 주는 이벤트를 했다. 이벤트는 입소문을 타서 4주 만에 폭발적인 참여가 있었다. 이 때문인지 이케아의 인지도도 급상승하여 매출까지 치솟았다.

광고를 통한 홍보가 아니라 간단한 방법으로 고객이 직접 광고에 참여하는 체험형 마케팅이었다. 이는 다른 기업들이 상상도 못한 새로운 마케팅으로 고객들에게 널리 홍보를 할 수 있었다. 이케아가 진행한 참여 마케팅은 누구든지 이용할 수 있도록 간단하고 재미있는 이벤트였다. 해시태그를 통하여 사람들이 이러한 제품들이 있다는 것을 공유한다는 점에서 재미를 불러일으킨 신선한 이벤트였다.

인스타그램은 사진의 공유가 중심인 SNS이다. 사진을 올리고 간단한 댓글을 달아서 공유한다. '선팔'이나 '맞팔'을 통해 맺어진 '팔로워'들이 '좋아요'를 눌러서 공감대를 형성하고 인지도를 높일 수 있다. 기업이 마케팅을 생각한다면 TV광고나 언론매체를 통한 방법이 일반적이다. 이 방법은 효과는 있지만 그만큼 비용이 많이 드는 방식이다. 이케아는 고객 참여라는 방식을 홍보수단으로 하여 대박을 터뜨렸다. 이게 가능했던 것은 인스타그램의 역할이 컸다.

사람들은 인스타그램에 익숙하기 때문에 부담 없이 누구나 쉽게 이벤트에 참여 할 수 있다. 그리고 카탈로그의 사진을 찍어서 올리면 추첨을 통해서 자기가 원하는 제품을 선물로 받는 기쁨이 더 많은 관심을 가지게 했다. 그렇게 자기 제품을 찍어 올리게 하는 과정에서 자연히 고객들은 이케아에 대해 관심을 가진다. 또 다른 사람이 올린 사진을 보고 이러한 제품도 있다는 것을 인지하게 되어 홍보 효과는 기대 이상인 것이다. 또한 이벤트가 힘든 과제가 아니기 때문에 즐겁게 참여하는 펀펀 마케팅으로 소문이 빠르게 퍼져 갈 수 있었던 것이다.

SNS는 돈 버는 화수분이다

우리 회사에서도 고객 및 일반인을 상대로 이벤트를 한다. 자기가 가고 싶은 곳이나 좋아하는 곳에서 찍은 사진을 회사 인스타그램에 올리는 이벤트였다. 팔로워들의 '좋아요'가 많은 사람들 순서로 기프트카드를 제공했다. 의외로 인기가 많았다. 특히 20~30대 젊은 층이 많은 관심을 가져 주었다. 그때 우리의 기획 의도는 회사의 인스타그램을 많이 노출시켜 알리고 잠재고객인 젊은 층에게 인식케 하는 것이었다. 이벤트는 기대 이상의 반응을 얻어, 지금은 젊은 층이 회원으로 많이 가입하고 있다.

코기BBQ는 한국교포 2세 로이 최가 운영하는 푸드트럭이다. 미국 전역을 다니면서 타코라는 멕시칸 음식에 한국의 김치와 불고기 맛을 가미한 퓨전타코를 판매하는 것으로 유명하다. 하지만 코기BBQ를 더 유명하게 만든 것은 바로 트위터다. 그는 요리학교를 최우등으로 졸업하고, 힐튼 호텔 주방장 경력도 있었다. 자신만의 사업을 하기 위해서 길거리에서 트럭으로 음식을 파는 방법을 선택했다. 그가 개발한 한국적 타코의 맛은 기가 막혔지만 미국도 길거리 포장마차 형태의 장사는 불법이다. 자기의 음식에 자부심이 있었던 그는 트럭은 이동하지만 소셜 미디어는 미국 어디에서나 접속이 가능하다는 사실에서 아이디어를 찾았다. 트위터를 통해서 그의 이동경로를 계속 알리고, 그의 음식을 좋아하는 고객들은 기다렸다가 트럭이 도착하는 시간에 맞춰 줄을 서서 사 먹었다. 이렇게 코기BBQ를 팔로우한 친구들만 10만 명에 가깝다고 한다.

코기BBQ가 트위터를 이용한 마케팅을 하지 못했다면 사업에 실패할 수도 있었을 것이다. 자신이 만든 음식이나 제품이 아무리 맛있거나 탁월하더라도 고객에게 알리지 못하면 소리 없는 메아리일 뿐이다. 로이 최는 자신이 점포를 운영할 수 없는 상황에서 아이디어를 냈다. 그러나 트위터를 통한 홍보 효과가 그렇게 클 것이라고는 상상도 못했을 것이다. 자신이 믿었던 것은 오로지 퓨전타코의 탁월한 맛에 대한 자부심 하나였다. 퓨전 타코의 맛을 본 고객들은 트위터에 '좋아요'를 누르고 리트윗을 해서 순식간에 소문이 퍼져갔다.

트위터는 140자 이내 단문으로 개인의 의견이나 생각을 공유한다. 트위터의 주요 기능은 관심 있는 상대방을 뒤따르는 '팔로우(follow)'라는 기능이다. 자기와 비슷한 생각을 지닌 사람을 '팔로어(follower)'로 등록하여 실시간으로 정보나 생각, 취미, 관심사 등을 공유한다. 상대방이 허락하지 않아도 '팔로어'로 등록할 수 있어 관심 있는 유명 인사를 등록해놓고 그들의 동정을 공유한다. 미국의 첫 흑인 대통령이 된 버락 오바마가 선거에서 승리하는 데 트위터를 이용한 홍보효과를 톡톡히 본 것으로 알려져 있으며, 기업들도 홍보나 고객 불만 접수 등 다양한 방법으로 활용하고 있다

이제는 SNS가 대세인 시대가 되었다. 이는 SNS를 통해 사람과 사람이 연결되는 관계의 시대다. 이러한 시대에는 소통이 전제가 되어야 한다. 소통이 잘 되는 건 역시 친구관계다. 친구는 만나서 놀거나 술을 마시거나 즐거워하며 가까워진다. 판매자와 구매자도 이런 친구 같은 관계를 맺을 수 있다면 어떨까? SNS로 선팔, 맞팔을 통하여 지속적인 관계를 유지한다.

상품을 통한 관계가 아니라 소통의 관계로 맺어지는 것이다. 나중에 같은 물건을 여러 판매자가 판매할 경우 어디서 살까? 가격이 싼 곳? 가게가 큰 곳? 아니면 잘 아는 곳? 정답은 잘 아는 곳에서 물건을 산다. 이것이 SNS시대의 관계마케팅이다. SNS관계는 개인적이든 정치적이든 불문한다. 이제 내 물건을 팔려거든 손가락이 바빠져야 한다. 선팔, 맞팔을 통한 관계를 만들어야 한다. 돈 쓰는 마케팅보다는 손가락이 바쁜 마케팅을 하자. 그러나 거기에는 고객을 위하는 진심이 담겨 있어야 한다.

10. SNS로 마케팅하라

로이 최의 타코 푸드트럭이 성공할 수 있었던 것은 타코의 맛이 탁월해서가 아니었다.

바로 트위터를 통한 SNS 관계형 마케팅에서 성공한 덕분이었다.

기존에는 TV광고 등을 통한 일방적인 마케팅을 했다. 그러나 지금은 고객과 서로 소통하는 관계를 형성하는 쌍방형 마케팅이 대세이다.

일방적 마케팅은 불통으로 인해 효과는 미미하다. 서로 친숙한 관계형 마케팅을 통해서 매출의 증대도 배가시킬 수 있다.

이젠 손가락질을 잘해야 살아남을 수 있다.

4. 고객이 최고의 영업맨이다

바람이 불지 않을 때 바람개비를 돌리는 방법은
내가 앞으로 달려나가는 것이다.
– 데일 카네기

고객이 움직이도록 하라

영업은 영업사원만 해야 할까? 아니다. 상품을 잘 알고 사용해본 사람
이 영업을 하는 게 낫다. 물론 영업사원은 상품에 대해 잘 알고 상품을
이용하기도 한다. 영업사원의 상품에 대한 정보는 업무매뉴얼에 따른 학
습효과이다. 상품을 반복적으로 사용한 경험에 따른 이해도는 떨어진다.
경험으로 알게 된 상품의 정보를 전달하지 못하면 고객의 궁금증을 해소
할 수 없다. 결국은 상품의 구매로도 이어지지 않는다. 이제는 영업을 누

가 해야 할 것인가에 대해 다시 한 번 생각해볼 때다.

우리 회사는 고객패널 제도를 운영한다. 고객 신청자 중에서 오프라인 10명, 온라인 15명으로 구성된다. 패널들은 상품이나 서비스를 이용하고 회사에 의견을 제시한다. 이러한 의견은 대부분 반영되어 상품과 서비스 개선에 많은 도움을 준다. 이들은 블로그나 SNS 등에 본인들의 일상을 실시간으로 올려서 주변에 많이 알린다. 블로그나 SNS등을 적극적으로 활용하고 있으며 거의가 파워 블로거이다. 파워 블로거인 패널들이 회사의 상품과 서비스에 대한 사용 후기나 경험담을 올린다. 긍정적인 내용을 올리면 팔로워들이 '좋아요'를 누르며 동일한 상품이나 서비스를 구매한다. 많은 회사들이 패널제도를 운영하고 있다.

패널들은 고객과 회사의 매개자 역할을 한다. 패널활동을 하는 분들의 성향은 대체로 적극적이고 도전적이다. 모든 것에 관심이 많고 얼리어답터도 많다. 블로그 등의 SNS를 활용해서 자기의 의견을 피력하고 이슈나 현상에 대해 여론을 형성한다. 회사는 새로운 상품과 서비스를 출시하기 전이나 본격적인 마케팅을 하기 전에 패널들의 반응조사를 한다. 그리고 그 반응결과를 분석하여 상품과 서비스의 마케팅 전략을 짠다. 특히 긍정적인 반응이 나온 것에 대해서는 회사도 적극적으로 영업을 추진한다.

패널들은 자신이 미리 경험한 상품과 서비스의 경험을 자신의 블로그에 올린다. 긍정적인 경험이 담긴 글들은 따르는 팔로워들이 '좋아요'를 누르고 부지런히 퍼 나른다. 이렇게 입소문이 봇물 터지듯 퍼져나간다. '좋아요'와 댓글을 퍼 나르는 것에만 그치는 것이 아니다. 긍정적 반응에 대해 "그럼 나도 한번 써 볼까." 하면서 너도나도 구매를 한다. 이런 구매 후 사용경험을 팔로워들도 올리면 피라미드 조직까지 확산되어 나간다. 퍼나르는 만큼의 상품의 구매도 늘어나서 자동적으로 영업이 되고 매출로 이어진다.

패널을 운영해보니 때로는 패널들이 우리 직원보다 회사에 대한 로열티와 열정이 훨씬 강하다. 패널에게 많으면 30만 원의 월 활동비를 주면서 회사가 받는 혜택은 훨씬 크다. 패널들이 직접 영업을 하는 건 아니다. 하지만 SNS에서의 긍정적인 경험 글들에 공감한 팔로워들이 구매를 하게한다. 영업이 아닌 영업을 하는 패널들의 영향력은 영업사원 이상이다. 이제는 고객이 고객을 모집하는 시대로 가고 있다.

한때는 생명보험사의 종신보험이 유행했다. 나도 두개 가입했다. 종신보험은 기존의 일반 보험과 영업방식이 다르다. 기존의 보험은 소위 '보험 아줌마'가 모집했다면, 종신보험은 대졸 이상의 '젊은 총각'이 모집을 했다. 젊은 총각은 단순히 상품 소개가 아니라 라이프 플래너로서 고객의 미래 삶을 설계해줬다. 종신보험은 가입한 후에 사망하면 상속인인 가족들이 보험금을 받는 상품이다. 갑자기 무슨 일이 있을지 모르는데 이것 하나 들어놓으면 가족에게도 든든하고 위안이 된다.

상품이 좋으니 젊은 총각은 주변에 소개를 해 달라고 한다. 강요도 아니고 상품의 매력을 보고 판단해 달라는 것이다. 물론 소개하더라도 가입의 강제성도 없다. 그러니 누구라도 불안한 미래에 대하여 가족을 위해 보험을 안 들 사람이 없다. 종신보험은 상품설계가 잘 된 상품이다. 갑자기 사고 등으로 죽을 경우에, 남아있는 가족들을 생각하면 안타깝고 불쌍하다. 한번쯤 이런 생각을 하면 눈시울이 뜨거워지고 한숨이 나온다. 이런 불안하고 언제 닥칠지 모르는 사고에 대비해서 남은 자들을 위해 보험을 가입하는 것은 뿌듯하다. 언젠가는 죽을 것이고 가족들이 보험금을 받으니 확연히 일반보험과 차이가 있다.

이런 좋은 상품은 나 혼자만 가입하기에는 아깝다. 주변에 알리고 권장하고 싶은 상품이다. 이렇게 심리를 꿰뚫어 만들어낸 종신보험은 고객이 고객을 추천하는 것이 필수적이다. 또 추천을 하더라도 추천을 받은 사람이 가입의 부담을 지게 하는 게 아니다. 종신보험의 영업은 절반은 고객이 하는 것이다. '젊은 총각'은 추천받은 고객을 찾아가서 신청서만 받으면 된다.

고객은 영업맨의 아바타다

우리 회사에도 고객이 고객을 추천하는 상품이 있다. 고객을 대상으로 홈페이지에 로그인하면 화면이 노출되어 있다. '친구에게 카드추천'이란 화면에서 '추천하기'를 클릭하면 내게로 문자가 온다. 이 문자를 추천하고 싶은 친구에게 복사해서 보낸다. 추천을 받은 친구는 링크된 웹주소를 열어 이름, 핸드폰 번호 등 간단한 정보만 입력하여 확인 버튼을 눌러 보내면 콜센터에서 통화 후 카드를 발급해준다. 친구추천도 영업사원이 하는 것 못지않게 많이 유치되고 있다. 고객이 직접 써보고 만족할 때 추천하여 좋은 것을 함께 하자는 것이다.

친구들은 많은 것을 공유하면서 친분을 쌓아간다. 생각하는 것, 먹는 것, 취미생활도 거의 유사하다. 평소의 생활방식 역시 거의 같다. 많은 부분에 있어서 공통분모가 있는 친구끼리 카드도 같은 것이나 유사한 것을 쓰려고 한다. '친구에게 카드 추천'이란 상품은 대량의 모집은 일어나지 않지만 꾸준히 실적이 나온다. 영업사원이 비집고 들어가기 어려운 친구관계에서 스스로 추천을 한다. 만약 영업사원이 카드 모집을 하면서 친구를 추천해 달라고 하면 거부감이 생겨서 잘 되지 않을 것이다. 고객이 카드를 사용하고 긍정적인 경험을 했을 때 실적도 잘 나온다. 특히 요즘 사람들은 SNS의 발달 등으로 인해 제품을 구매할 때 기업이 제공하는 광고내용에 의존하지 않는다.

인터넷 쇼핑몰에서 구매할 때는 제품 중 마음에 드는 것이 있으면, 사용 후기를 검색해서 먼저 사용한 사람들의 반응을 확인하다. 다른 사람들의 사용후기가 긍정적일 때는 마음 편하게 구매를 하게 된다. 인터넷의 사용후기가 아니라 친구의 추천이면 두말할 필요 없이 바로 구매로 이어질 수 있는 장점이 있다.

미국의 자동차 판매왕 조 지라드Joe Girad는 무려 1만 3,000대의 자동차를 팔아 기네스북에 올랐다. 그는 원래 세일즈를 잘한 것이 아니라 노력형 세일즈맨이다. 그는 우연히 한 사람의 인간관계의 범위는 250명이라는 것을 알았다. 그는 한 명의 고객을 볼 때 250명을 보듯 했다. 반대로 한 사람의 신뢰를 잃으면 250명의 신뢰를 잃는다고 생각했다. 그는 차를 사준 고객에게 감사의 카드를 꼭 썼다. 차를 사준 고객에게 감사의 마음을 전하는 일은 영업맨의 기본이다. 감사카드에는 차를 사줘서 감사하다는 말과 그 고객의 소개로 찾아온 다른 고객이 차를 사면 25불의 사례금을 지불한다는 사실을 적었다.

이렇게 영업을 하여 그는 최고의 자동차 판매왕이 되었다. 만약 조 지라드가 고객을 활용하지 않고 혼자 발로 뛰는 영업만 했다면 1만 3,000대는커녕 130대도 팔지 못했을 수도 있다. 그는 고객 뒤에 숨겨져 있는 무수히 많은 잠재고객들을 볼 수 있었다. 숨겨진 잠재고객들을 맞이하기 위해, 지금 눈앞에 있는 고객에게 정성을 기울여 감사카드도 쓰고 지속적인 관계를 유지하였다. 누구든지 자신에게 지속적인 관심을 보이는 사람에게 마음의 문을 연다. 마음의 문이 열려야 주변의 친구나 지인들을 소개해주고 싶은 것이다. 평소에는 연락을 하지 않다가, 친구나 지인을 소개해 달라는 영업맨들을 대할 때는 당혹스러울 때가 한두 번이 아니다. 조 지라드의 영업방식을 가르쳐주고 싶지만, 다짜고짜 들이대는 매너 없는 행동에 도움의 손길을 펼치고 싶지는 않다.

고객이 최고의 영업맨이다. 영업맨 혼자 하는 영업은 힘이 들고 한계가 있다. 그래서 회사들은 고객 패널 제도, 지인 추천, 친구 추천 등을 활용한다. 추천을 하는 고객들은 영업맨보다 목표 고객을 훨씬 더 잘 알고 있다. 그들이 한때는 목표 고객이었기 때문에, 제품을 사용해보니 주변 지인 중에 누구에게 적합하다는 것을 잘 안다. 그래서 영업맨 보다 더 빠르고 쉽게 자신들과 비슷한 지인이나 다른 사람들을 찾아낸다. 어떤 상품이든 써 본 사람이 추천하거나 블로그 등으로 공유를 하는 것이 훨씬 효과적이다. 영업맨이 백 마디를 하며 비싼 광고로 홍보를 해도 고객들은 이미 식상해져 있다. 영향력 있는 사람이 소개하거나 인정할 때에 '묻지마 구매'를 할 수 있다. 이제는 영업맨만 의지해서 영업실적과 매출을 올리기에는 한계가 있다. 영업맨 못지않게 고객도 영업을 할 수 있는 환경을 만들어야 한다. 이제는 고객이 바로 최고의 영업맨이다.

11. 고객이 최고의 영업맨이다

상품과 서비스를 경험해본 긍정적인 고객에게 지인을 추천받아 영업을 하는게 훨씬 효과적인 결과를 얻는다.

영업맨이 직접 발로 뛰는 시대는 지났다. 고객과의 관계 형성을 통해 고객을 영업맨으로 활성화해야 한다.

고객을 최종 소비자로 여기지 말고, 영업맨의 아바타로서 역할을 할 수 있게 해야한다. 영업은 '맨땅에 헤딩'이 아니라, 관계가 형성된 테두리 안에서의 추천이나 소개를 받게 하는 것이다.

이제 영업은 고객에게 맡겨라.

5. 귀신은 속여도 빅데이터는 못 속인다

현명한 사람은 그가 발견하는 이상의 많은 기회를 만든다.
– 베이

마케팅에 돈 쓰지 마라

학용품 도매상을 하는 사장과 저녁식사를 하게 되었다. 식사를 하는 내내 어두운 표정이 역력했다. "가게들도 많고, 학교에서 학용품을 제공하는 경우가 많아서 힘들어. 학교에 납품하려면 입찰을 해야 하는데, 다들 재고를 떨어내기 위해 제 살 깎아먹기 식으로 원가 수준으로 들어가. 납품을 해도 남는 게 없어." 얘기를 듣고 있자니 답답했다. 할인경쟁을 과도하게 하니 물건을 팔고도 적자가 나는 구조다. 할인은 달리 해석하면 내 돈의 지출이다. 즉, 비용을 많이 들여서 입찰을 딴 셈이다. 즉, 마케팅을 돈을 써서 한 것이다. 그만큼 남는 게 없고 손해 보는 장사를 하게 된다.

돈 안 쓰고 하는 마케팅은 없을까?

돈이 아니라 정보를 쓰면 해결된다. 미국 최대의 온라인 서점 아마존은 단골 고객의 취향을 분석해서 새로운 책을 추천하는 서비스를 도입했다. 이는 동네 서점의 판매 방식을 온라인에서 구현한 것이다. 아마존은 회원화된 고객의 구매이력 등을 분석한다. 분석된 정보를 이용해서 구입할 가능성이 높은 제품을 추천하고 미리 쿠폰을 제공하여 구매를 유도한다. 이렇게 해서 아마존은 매출을 30% 가량 끌어 올렸다. 아마존은 고객 취향을 분석해서 고객별로 책을 추천한다. 기존의 마케팅은 고객들에게 대량의 이메일이나 문자를 보냈다. 일괄적으로 10% 할인 쿠폰을 보내거나 경품을 제공했다. 그런 대중화된 마케팅에 고객은 식상하고 감흥이 없다. 오히려 스팸처리하고 수신을 차단하여 기업과의 단절을 한다.

이런 마케팅은 일회성으로 끝나고 지속적인 단골을 얻기 힘들었다. 그때뿐인 것이다. 매번 할인 등의 비용이 발생해서 오히려 손실이 발생하는 경우도 있다. 개별화해서 고객에게 딱 맞는 상품을 추천 할 때 고객은 반응한다. 비록 할인이나 경품이 없어도 말이다. 나를 알아주는 기업이 있다는 것에 감동을 받고 만족하기 때문이다. 아마존의 빅데이터 분석을 통한 새로운 마케팅 방식은 고객에게 적중한 것이다. 매출이 30% 이상 올랐다는 것이 이를 말해 준다. 아마존의 고객 취향을 저격하는 마케팅은 꿩 먹고 알 먹는 놀라운 기법이다. 고객의 구매이력이란 흔적을 추적하다 보면 거기에 새로운 정보가 숨어 있다. 그것을 찾아내어 분석하면 분명 새로운 기회가 나온다. 이런 분석을 통해 아마존은 고객의 니즈를 찾아서 매출로 연결할 수 있었다.

미국 대형 마트의 매장에 한 남성이 들이 닥쳤다. 그는 담당 직원을 붙잡아 놓고 다짜고짜 소리를 질렀다. 마트에서 자기의 고등학생 딸에게 아기 옷과 유유제품 등을 포함한 유아용품 할인쿠폰을 보냈기 때문이다. 남성은 "고등학생인 딸에게 임신을 부추기는 거냐?"며 언성을 높였다. 담당 직원은 임산부에게 보낼 쿠폰을 잘못 보냈다고 생각하고 정중히 사과를 했다. 하지만 반전이 일어났다.

며칠 뒤에 다시 한 번 사과하기 위해 전화를 건 직원은 남성의 딸이 임신했다는 사실을 전해 들었다. 아버지도 전혀 몰랐던 딸의 임신을 마트는 어떻게 알았을까. 바로 '빅데이터'의 힘이었다. 이 마트는 SNS와 인터넷 등을 검색하고 분석한 고객추적 시스템을 이용해 남성의 고등학생 딸이 '임신을 했을 것'이란 결론을 내렸다.

사람이 사람을 아는 것보다, 사람의 일상에서 연관되는 하나하나의 데이터를 모아서 분석하면 컴퓨터가 오히려 사람을 더 잘 안다. 사람은 속일 수 있으나 구매행동 등의 사실은 숨길 수 없다. 그러한 구매패턴을 조합해서 분석하면 그 사람의 현재 상태를 파악할 수 있다. 돈을 쓰는 마케팅은 고객에게 적은 금액의 경제적 이익만 제공할 뿐이다. 결코 사람을 이해하는 마케팅이 될 수 없다. 하지만 빅데이터를 통한 마케팅은 사람의 현재 상태를 제대로 이해하고 거기에 맞는 개별적인 마케팅이 가능하다. 이것이 바로 정보의 힘이다.

돈 쓰지 말고, 정보를 써서 마케팅하라

우리나라에서는 빅데이터 마케팅을 카드사가 주도하고 있다. 롯데카드는 업계 최초로 빅데이터 마케팅을 진행했다. 2013년 1월, 25세~39세 여성이면서 최근 6개월 동안 롯데백화점, 마트, 홈쇼핑에서 기저귀, 유아 내의, 아기 물티슈 등을 구매한 고객 3만 명에게 영유아 상품 할인 쿠폰을 발송했다. 쿠폰을 받은 고객의 '마케팅 반응률'이 크게 올랐다.

스마트폰은 신용카드사의 빅데이터 마케팅을 더욱 촉진하는 역할을 한다. 카드사마다 경쟁적으로 고객 매출 정보를 분석한 스마트폰 앱을 잇달아 출시했다. 가맹점별로 고객들의 재방문율을 제공하고, 그 가맹점을 찾는 고객의 연령대별, 성별 비율을 알려주기도 한다.

우리나라는 신용카드 사용이 보편화되어 있다. 일반 직장인의 경우에 일상의 모든 구매를 신용카드로 가능하다. 출근하려고 지하철을 탈 때, 사무실 들어가면서 모닝커피 살 때, 점심과 커피를 마실 때, 짬을 내서 인터넷 쇼핑을 할 때, 퇴근 후 친구들과 저녁을 먹을 때, 회식 후 택시를 이용할 때, 세금을 낼 때 등 대부분이 신용카드 결제가 가능하다. 모든 신용카드 사용내역은 분류하고 분석하면 가치 있는 정보가 된다.

신용카드사의 고객 매출정보는 전부 구매이므로 팔고자 하는 사람은 누구나 눈독을 들인다. 신용카드 사용내역만 잘 분석하더라도 돈 안 들이고 쉽게 돈 버는 방법이 보인다. 몇몇 신용카드사는 영세가맹점이나 제휴사 등에게 고객들을 분석한 빅데이터 내용을 제공한다. 이 데이터를 근거로 하여 가맹점등은 마케팅에 활용한다. 신용카드사의 빅데이터는 고객이 편하고 저렴하게 구매하도록 지원 및 유도하는 것이다. 빅데이터를 활용한 마케팅으로 신용카드사는 더 이상 돈쓰는 마케팅을 지양하여 출혈 경쟁을 방지할 수 있다.

공공기관의 빅데이터 성공사례로 손꼽히는 것은 서울시 심야버스 노선이다. 서울시는 늦은 시간에 귀가하는 사람들은 집이나 주변 지인들에게 전화를 하는 습관이 있음을 착안했다. 자정인 12시부터 새벽 5시까지 서울 시내에서 발생한 통신 데이터들을 분석했다. KT를 심야버스 노선

구축 파트너로 한 이유도 그들의 통신 데이터를 활용하기 위함이었다. 가장 많은 통신데이터가 기록된 지역들을 선별하여 심야버스 노선에 포함시켰다. 이렇게 서울시 심야버스 노선도가 탄생되었다. 빅데이터의 활용은 기업뿐만 아니라 공공기관도 활용한다.

서울시가 도입한 심야버스 제도는 빅데이터를 활용해서 시민들의 편의성을 최대한 반영했다. 서울시는 버스 운행 서비스 제공자이며, 시민들은 고객이다. 심도 있는 고객 분석을 통한 심야버스 운행서비스는 고객들에게 편의성과 만족감을 안겨줬다. 공공재인 공공서비스는 공짜라는 인식이 강하기 때문에 아무리 돈을 쏟아 부어도 표시가 안 나고 효율성이 떨어진다. 그렇지만 서울시 심야버스 도입과 같이 정확한 분석을 통해서 서비스 설계를 하면 모두가 만족하는 공공서비스가 될 수 있다.

또한 공급자인 서울시도 빅데이터를 활용하지 않았으면 어디에는 노선을 넣고 어디에는 뺄 수가 없다. 형평성 문제가 생기기 때문이다. 그래서 빅데이터가 없었다면 주간 버스 노선과 동일하게 운행계획을 짰을지도 모른다. 그럴 경우 손님을 한 명도 태우지 않고 다니는 빈 버스가 발생할 수도 있었다. 운영의 효율성 측면에서도 엄청난 진전이다. 서울시 심야버스 노선도 주기적으로 점검을 통해서 노선 변경계획을 수립해야 한다. 시민들이 이사 등으로 전입전출이 잦아서 과거에 분석한 노선도는 시간이 지남에 따라 일치하지 않을 수 있기 때문이다. 서울시의 심야버스 노선뿐만 아니라 모든 공공영역에도 빅데이터를 활용하여 지속적인 행정효율을 실현해야 한다. 아울러 고객인 시민의 편리성과 안전성을 신장시키는 데 늘 노력해야 한다.

돈 쓰는 마케팅의 시대는 끝났다. 돈을 쓰면서 경쟁사와 출혈 경쟁으로 제 살을 깎아먹는 어리석은 마케팅은 멈춰야 한다. 저인망식으로 하는 매스마케팅은 반드시 돈이 필요하다. 하지만 이런 마케팅은 투입비용 대비 효과가 미미하다. 즉 매스마케팅은 밑 빠진 독에 물 붓기나 마찬가지다. 누적된 고객의 데이터를 분석하면 답이 보인다. 고객의 데이터는 고객의 구매 흔적이다. 흔적을 모으면 이력이 나오고 앞으로의 구매방향을 판단할 수 있다. 아마존, 롯데카드, 서울시처럼 고객의 취향이나 구매 패턴을 분석하면 새로운 판매요인이 보인다. 분석된 데이터에 따라 개인별 맞춤 서비스를 제공할 때 고객은 더 만족하고 재구매로 이어진다. 이제 돈 쓰는 마케팅은 아니다. 돈 대신 정보를 써야 한다.

12. 귀신은 속여도 빅데이터는 못속인다

아빠는 속여도 빅데이터는 속일 수 없다.

아빠는 고등학생 딸의 임신사실을 전형 몰랐지만, 빅데이터는 모든 걸 다 알고 있다.

사람의 행동에는 시간의 흐름에 따른 흔적이 있다. 그 흔적을 짜맞추어 분석을 하면 새로운 의미있는 정보를 찾아낼 수 있다.

대중에게 융단폭격식 퍼주기식 돈쓰는 마케팅은 지양해야 한다.

이제는 개별 고객을 타깃으로 맞춤형 마케팅을 통해 매출의 성공률을 높여야 한다.

6. 보는 순간 사고 싶게 만들어라

고객과 만나는 15초 동안에 기업의 운명이 결정된다.
- 얀 칼슨

스테이크를 팔지 말고, '지글지글' 소리를 팔아라

첫눈에 반해본 적이 있는가? 첫눈에 반한 경험은 누구나 다 있을 것이다. 나도 첫눈에 반해서 아내와 결혼했다. "그대를 처음 본 순간 이내 마음 훨훨 날아가네."라는 노래가사도 있다. 그만큼 첫인상은 인생을 걸 만큼 중요하다. 가게 쇼윈도의 화려한 전시도 고객의 첫인상을 끌기 위함이다. 결정을 할 때에 이것저것 고민하는 경우도 있지만, 반대로 한 번 보고 딱! 결정하는 경우도 많다. 결정을 못해 고민하는 경우는 품질과 가격 등을 비교하기 때문이다. 보는 순간 바로 결정하는 경우는 시각이 먼저 강하게 자극을 받았기에 품질이나 가격에는 관심을 두지 않는다. 받아들인 정보를 뇌에서 판단하는 데 정보가 부족하거나 비교대상이 비슷할 때는 혼란이 온다. 보는 순간의 결정은 시선을 끌어 오로지 감정만을 자극한다. 그만큼 빠른 결정을 할 수 있다.

홈쇼핑 방송 중에 유달리 눈과 귀가 즐거운 것은 음식 판매시간이다. 스테이크 판매가 한창이다. 쇼호스트의 감칠맛 나는 맛과 가격에 대한 설명이 관심을 끈다. 화면이 바뀌면서 그릴자국이 선명한 부채살 스테이크가 '지글지글' 거린다. 그리고 시식하는 사람들은 어찌나 맛있게 먹는지 부럽기까지 하다. 그러면서 나는 침이 꼴깍꼴깍 넘어간다. 저녁을 먹은 후 3시간 가량 지났으니 출출할 만도 하다. 확 질렀다. 전화기를 어떻게 들고 신용카드 번호를 어떻게 눌렀는지 기억이 나지 않는다. 내 머릿속은 단지 2~3일 내에 그릴자국이 있고 지글거리는 스테이크를 먹을 수 있다는 생각뿐이었다.

홈쇼핑이 구매의 한 분야로 자리를 잡은 지 오래됐다. TV를 보다가 채널을 돌리다 보면 현란한 자막과 비쥬얼 있는 화면에 넋을 잃기 십상이다. 특히 홈쇼핑은 전국으로 방송이 되므로 지리, 지역적인 한계에 있는 마트와 비교하면 고객층이 훨씬 방대하다. 홈쇼핑의 제품은 제한된 시간

내에 판매해야 한다. 짧은 시간에 판매를 해야 하므로 고객들이 살까말까 고민하게 만드는 내용이면 성공하기 어렵다. 홈쇼핑에 방송되는 제품은 종류 불문하고 대부분 매진이다. 매진 비결은 바로 고객들이 방송을 보게 되면 즉시 사게 하는 기법이다.

음식을 판매하는 경우이면 맛깔스럽게 차려놓고 시식하는 사람들이 한입 가득 맛있게 먹는다. 먹으면서 미소 지으며 행복해 하는 모습을 보면 사고 싶은 충동이 생긴다. 특히 요리를 하는 장면은 '지글지글' 소리를 내어 시각뿐만 아니라 청각도 자극한다. 이때쯤 되면 누구라도 벌써 전화기를 들 수밖에 없다. 오복중의 하나인 먹는 복을 시각과 청각을 자극해서 구매를 하게 한다. 이런 홈쇼핑을 보면 보는 순간 바로 구매하고픈 충동이 생긴다. 그리고 직접 구매로 이어진다. 같은 제품인데도 어떻게 보이고 들리게 하느냐에 따라 사고 싶은 충동은 제각각이다. 이왕이면 구매의 충동을 강하게 일으키는 것이 뛰어난 마케팅이고 전략이다. 보는 순간 그 짧은 순간에 바로 구매하도록 해야 한다.

친구가 술 한 잔 하자며 전화를 했다. "오늘은 내가 한잔 쏠게!" "그래, 좋지. 근데 뭐 기분 좋은 일 있냐?" "그럼 있지, 한잔 하면서 얘기하자." 이렇게 전화를 끊고 약속 장소로 갔다. "내가 아파트 전세 주는 거 있잖아? 세입자가 이번에 나가게 돼서, 부동산에 문의하니 요즘은 전세가격이 떨어지고 찾는 세입자도 없다고 하더라. 그래서 걱정을 많이 했지." "그랬구나, 그래서 어떻게 됐어?" "근데 부동산에 전세 내 놓고 일주일 만에 계약 했어" "얼마나 싸게 내 났길래?" "그게 아니라, 집을 보러 오는 사람이 다들 계약하자고 난리였대. 우리 세입자 부부가 인테리어 회사 다닌다는데, 처음에 전세 들어올 때 집을 고쳐서 산다고 하길래, 뭐 그러라고 했지. 근데 이번에 집 보러 오는 사람들이 난리였어. 집이 너무 맘에 든다고. 그래서 지금 주변에는 전세가가 내리는데도 더 올려서 계약도 했어. 그래서 나도 궁금해서 계약하는 날 집에 가 봤지, 세상에! 정말 집을 궁전같이 꾸며 났더라. 다들 우리 집을 보고나면 다른 집은 눈에 안 들어온다고 하더라. 이 사진 한번 봐. 그때 찍은 거야. 정말 장난 아니더라." "세상에! 너희가 살았을 때랑 완전 딴판이네. 완전 대박이다."

친구의 전셋집은 남들보다 특별한 것이 있었다. 누구라도 한번 구경하면 계약하고픈, 그런 준비가 되어 있었다. 물론 친구 본인의 노력이 있었던 건 아니다. 물건의 시세가 떨어지고 구매가 안 된다 해도, 다른 물건보다 특별한 장점으로 고객을 확 끌리게 하면 문제없다.

고객에게 반하지 말고, 고객을 첫눈에 반하게 하라

시세가 있고 트렌드가 있다 하더라도 더 빨리, 더 비싸게 팔 수 있다. 얼마나 고객의 구미에 당기게 하느냐가 관건이다. 누구나 더 좋고 더 멋진 것을 좋아한다. 파는 사람은 사고자 하는 사람의 마음을 자극해서 빨리 파는 게 남는 장사다. 그러려면 남들과 똑같이 물건을 진열하거나 포장을 해서는 안 된다. 차별화된 특별함이 있어야 한다. 남들과 같이 평범하면 그냥 잊혀진다. 한눈에 쏙 반하게 하기 위해서는 어떤 식으로든 나만의 차별성을 만들어야 한다.

"모난 돌이 정 맞는다"는 것은 옛말이다. 요즘은 튀어야 산다. 튀어야 눈길이 가고 구매를 하게 된다. 다 똑같아 보이고 특별한 게 없으면 살까 말까를 망설이며 이 집 물건 저 집 물건 비교를 한다. 오로지 고객의 판단과 선택에 내 물건의 운명이 달려있다. 길거리에서 과일을 파는 경우라면 미리 목 좋은 곳에 자리를 잡아야 한다. 그리고 진열도 보기 좋게 한다. 특히 과일이 싱싱하고 맛있어 보이게 윤이 반짝반짝 나도록 닦아줘야 한다. 같은 사과라도 푸석푸석해 보이는 것보다는 반짝반짝 윤기가 나서 맛있어 보이는 것을 산다. 고객이 지나가면서 머뭇거림 없이 눈에 확 띄게 만들어야 한다. 그저 그런 진열과 포장은 그저 눈길 한번 스쳐가는 물건으로 비춰지고 만다.

종종 인터넷에서 물건을 사려고 링크된 홈페이지에 들어간다. 홈페이지가 그렇게 활성화되어 있지 않았다. 화면 구도나 배치가 어색하고 촌스러웠다. 물건이 필요해서 회원 가입하고 구매했다. 물건은 정상적으로 배송이 되었다. 문제는 배송 이후의 일이다. 회원 가입을 해 놔서 문자로 광고가 왔다. 처음에는 궁금해서 열어보고 홈페이지에도 들어갔다. 홈페이지에 들어가니 팝업이 어찌나 많은지 메인화면을 다 가렸다. 팝업창에 뜬 내용은 관심 없어서 안 읽고 하나씩 꺼 나갔다. 팝업창이 족히 10개는 되었을 것이다. 팝업창을 끄고 나니 보려고 하던 것이 기억이 나지 않았다. 그냥 문 닫고 나왔다. 여기는 하루가 멀다 하고 문자가 쇄도했다. 거의 스팸 수준이었다. 안되겠다 싶어서 오는 문자를 스팸처리하고 모두 삭제했다.

고객에게 알리는 문자나 팝업창은 적당히 해야 한다. 정도가 지나치면 짜증이 나고 스팸으로 생각한다. 처음에는 어떻게 구매가 됐을지라도 하루가 멀다 하고 보내는 문자는 반감을 사게 된다. 판매자의 의도는 빠르고 신속하게 판매하기 위한 방법일 수 있다. 문자나 팝업을 보는 고객의 입장에서는 빈도수가 많으면 구매의 유혹보다는 공해로 인식한다. 보는 순간 구매하기 위한 것일 수 있지만, 고객의 마음을 먼저 읽어야 한다. 숨 가쁘게 오는 문자나 팝업은 오히려 관심을 떨어뜨린다.

고객 관계도 연애처럼 적당히 '밀당'을 해야 한다. 고객을 첫눈에 반하게 해야 한다. 그렇게 하기 위해서는 남과는 다른 방법으로 접근해야 한다. 처음 봤을 때 "아! 이거구나!" 하는 탄성이 나오도록 해야 한다. 그렇지 않고 그냥 옆집의 물건과 똑같으면 그냥 고객은 스쳐지나간다. 고객의 발길을 돌리고 등 뒤에서 목이 마르도록 호객행위를 한들 이미 차는 떠났다. 고객이 첫눈에 반하는 게 아니고, 판매자가 고객에게 첫눈에 반한 것처럼 하루가 멀다 하고 문자나 팝업을 띄우면 혼자만의 짝사랑이 되고 만다. 일방적으로 몰아붙이면 즉시 반하는 게 아니라 고객은 돌아선다. 자주 여러 번 어필하지 말고, 처음 한 방에 강하게 어필하는 게 중요하다.

보는 순간 사고 싶게 만들어야 한다. 스페인의 투우 경기에서 투우사와 소가 일대일로 대결하는 최후의 순간이 있다. 이때를 '진실의 순간' 즉 MOTMoment of Truth라고 한다. 투우사가 소의 급소를 찌른 순간, 피하려 해도 피할 수 없는 순간, 실패가 허용되지 않는 순간이다. 고객과의 관계에서도 '진실의 순간'이 있다. 이 진실의 순간은 15초라고 한다. 고객이 상품과 접촉하는 15초의 짧은 순간에 결정을 한다. 고객에게 머뭇거릴 시간을 줘서는 안 된다. 보는 순간 사고 싶게 만들어야 한다. 첫눈에 반하게 해야 한다.

이 순간이 지나면 고객은 벌써 발길을 돌리고 있다. 첫눈에 반하기 위해서는 고객의 마음을 유혹해야 한다. 내가 고객에게 첫눈에 반해서 어쩔 줄 모르고 호객행위를 하면 안 된다. 내가 아니라 고객이 첫눈에 반할 때, 그 순간 고객은 구매를 하게 된다.

13. 보는 순간 사고 싶게 만들어라

선명한 그릴자국이 있고 '지글지글' 소리가 나는 스테이크는 누구든 안 사고 못 배긴다.

할수만 있다면 시각, 청각, 미각, 후각, 촉감 등 오감을 활용하여 고객의 마음을 한 번에 사로잡아야 한다.

기회는 왔을 때 잡아야 한다. 돌아선 고객을 다시 돌리기에는 너무나 힘들다.

내가 먼저 고객에게 반하지 말고, 고객이 첫눈에 쏙 반하게 해야 한다.

그 결정의 순간은 바로 15초. 이 15초 내에 모든 게 결정난다.

7. 단골고객이 먼저다

당신의 도움이 가장 절실한 고객에게 다가가라.
- 필립 코틀러

마케팅에도 우선순위가 있다

신입 사원 때의 일이다. 팀장님이 회의를 하시는데 말씀하셨다. "일은 무조건 열심히 하지 마라. 급한 일과 중요한 일 등으로 구분해서 해야 한다. 업무의 성격을 구분해 놓으면 지금 당장 어떤 업무를 먼저 해야 할지 안다. 지금 당장 하지 않으면 안 되는 일을 먼저 하라. 이건 최고로 급한 일이다. 그런 다음에 중요한 일을 하라. 중요한 일은 비중이 있고 꼭해야 한다. 하지만 당장 할 일은 아니다. 급하지 않거나 하지 않아도 되는 일은 미뤄도 된다. 특히 하지 않아도 되는 일은 하지 마라. 그런 업무는 아무 짝에도 쓸모없다. 그런 일은 시간을 죽이고 회사를 죽이는 일이다." 당시엔 그 말의 뜻을 명확히 이해하기 어려웠는데 시간이 지남에 따라 '아하, 이거구나.' 하고 깨닫게 되었다.

일에는 우선순위가 있다. 먼저 할 일이 있고 나중에 할 일이 있는데, 순서를 바꿔서 하면 일의 결과는 비참해질 수 있다. 지금 당장 해야 할 덜 중요하지만 급한 일을 미루고, 급하지는 않지만 중요한 일을 먼저 하면 어떻게 되겠는가? 말 그대로 업무가 '펑크' 난다. 펑크 난 업무로 인해 자신뿐만 아니라 팀이나 회사에 크나큰 손실이 발생하기도 한다. 펑크로 인해 실패한 업무에 대해서는 그 어떤 변명도 필요 없다. 그냥 그 결과에 따른 처분만 기다려야 한다. 이런 불상사를 미연에 방지하기 위해서는 업무를 하기 전에 먼저 일의 경중과 완급을 잘 판단해야 한다. 그 판단 결과에 따라 우선순위를 정하여 체크를 해 가면서 일을 진행해야 한다. 이렇듯 모든 일에는 분명 우선순위가 있다. 우선순위에 맞게 일할 때 효율적이고 효과가 크다.

마케팅을 할 때도 우선순위가 있다. 우선순위 없이 하는 마케팅은 밑 빠진 독에 물 붓기 식으로 투자비용 대비 수익 효과가 미미하다. 마케팅 대상과 방법에 대해서 살펴보도록 해보자. 고객은 크게 단골고객과 뜨내기고객, 두 부류로 구별된다. 단골고객은 반복적인 구매를 해서 나에게 수익을 안겨주는 고객이다. 뜨내기고객은 우연히 찾아와서 한번 구매하고 가는 1회성 고객이다. 실제로 나에게 수익을 안겨주는 것이 다르므로 당연히 주는 혜택도 달라야 한다. 흔히들 단골고객은 '잡은 물고기'라고 생각하고 먹이를 주지 않으려고 한다. 새로운 고객을 유치하기 위해 온갖 마케팅 활동을 한다. 새로운 고객이 유입이 되어야 고객 숫자가 커져서 수익이 늘어날 것이라고 생각한다.

휴대폰을 새로 구입하기 위해서 통신사 대리점에 갔었다. 요즘 스마트폰은 웬만하면 가격이 100만 원대이다. 스마트 폰의 기능과 이용의 편리성은 이해하지만, 고객이 체감하는 하는 기기의 비용은 비싸다. 가격이 비싸다고 얘기를 하니까, "그럼 고객님, 번호이동하세요. 번호이동하면 단말기 지원금이 많아서 싸게 구매할 수 있어요. 지금 어느 통신사 쓰세요?" 번호이동을 하면 이동해간 통신사에는 신규고객이다. 신규고객에게 그렇게 전폭적인 지원을 해주는 게 아이러니하다. 물론 번호이동해온 신규고객들이 얼마이상 계약을 유지해 준다는 조건이 있다. 신규고객을 늘리기 위한 영업 전략도 중요하다. 하지만 아쉬운 게 기존 고객에 대해서는 그 정도의 혜택이 없느냐 하는 것이다.

기존 고객에 대한 혜택도 제공해야 변함없이 같은 통신사를 이용할 수 있다. 그래서 통신사의 이런 영업 관행으로 고객들도 쉽게 번호이동을 해서 쉽게 이용하던 통신사를 바꾼다. 어쩌면 사회 전체적으로 보면 자원 낭비가 된다.

　새로운 고객이 유입되더라도 단골로 이어지려면 더 많은 비용을 쏟아 부어야 한다. 그러다 보면 단골고객을 유지하기 위한 노력을 소홀히 한다. 단골은 언제나 항상 그 자리에 있다고 생각한다. 단골도 사람인데 홀대하거나 새로운 고객에게 더 많은 혜택을 준다는 사실을 알게 되면 소리 없이 떠난다. "굴러온 돌이 박힌 돌 뺀다."는 속담처럼 새로운 고객에 대한 관심이 단골고객을 떠나게 한다. 통계 자료에 보면 신규고객을 유치하는 비용은 기존고객 유지비용의 8배나 높다고 한다. 새로운 고객은 모집하는 것도 어려울 뿐만 아니라 그 비용도 만만찮게 들어간다.

　이에 비해 기존고객 유지비용은 신규고객 유치비용의 1/8밖에 되지 않는다. 새로운 고객에게 쏟을 비용과 열정의 반만이라도 기존 단골고객을 유지하는 데에 노력해야 한다. 단골고객들은 나에게 호의를 가지고 있는 사람들이다. 조금만 더 관심과 배려를 해주면 더 많이 구매를 하고 새로운 고객도 데리고 온다. 새로운 고객과 단골고객 중에서 마케팅의 우선순위는 당연히 단골고객이 되어야 한다. 단골고객에게 더 강화된 서비스를 하면 단골고객은 지금보다 더 많은 구매를 할 가능성이 높다. 상위 20%의 고객이 전체 매출의 80%를 올린다고 한다. 이런 상위 20% 단골,

충성고객에게 더 많은 혜택이 가게 해서 매출을 늘리는 것이 훨씬 효율성이 크다.

SNS 마케팅은 거스를 수 없는 대세다

마케팅을 하는 방법에도 TV 등의 광고와 SNS를 통한 광고가 있다. TV나 언론매체 등을 통한 광고는 전달력이 빠르다. 그런 광고는 웬만한 기업이나 개인사업자는 엄두도 못 낼 만큼 비용이 많이 든다. TV 광고는 15초의 짧은 시간에 자신의 모든 것을 전달해야 한다. 디테일한 것을 전달하기보다는 큰 틀에서의 분위기를 전달하는 게 효과적이다.

기업이나 신상품을 처음에 출시할 때에 활용하면 좋다. 반복적인 광고로 브랜드를 각인시키는 효과가 크다. 모든 고객을 대상으로 하므로 매출로 이어지는 데는 한계가 있다. 고객의 인지도를 높이기 위한 목적으로 활용되어야 한다. 우리 회사도 TV광고로 효과를 올린 적이 있다. 'DC카드'를 출시하면서, 한글표기로 '디씨카드' 인데 이를 변형하여 디씨를 하나의 '성씨'로 은유하여 표현했다. 결국 '성씨 마케팅'으로 변형이 되었는데, 국민적인 센세이션을 일으켰다. 그러면서 카드회사와는 전혀 무관하게 우리나라 성씨에 대한 소책자와 각 성씨를 새긴 티셔츠도 고객에게 나눠주고, 성씨 연구를 하여 홈페이지에 올리기도 했다. TV광고는 투입되는 비용만큼 큰 효과를 거둘 수 있다.

마케팅 대상의 우선순위는 새로운 고객보다는
기존의 단골고객을 우선으로 해야 한다.

SNS를 통한 광고 중 대표적인 것은 블로그를 이용하는 방법이다. 블로그는 서로 이웃 맺기를 통해 맨투맨으로 관계를 확대해 나간다. 자신과 관계를 맺은 특정인을 대상으로 하기 때문에 전파력이 약하다. 대신에 비용은 거의 들지 않는다. 블로그를 제대로 활용하려면 콘텐츠에 집중해야 한다. 콘텐츠에 대한 전문적인 지식과 명확한 목표를 가지고 있어야 한다. 그렇지 않으면 낭비되는 시간으로 사업에 타격을 미칠 수 있기 때문이다. 블로그는 시간이나 내용에 제한이 없기 때문에 내가 팔고자하는 제품에 대해 상세한 설명을 할 수 있다. 또한 사진이나 동영상을 활용하여 시각적인 효과를 볼 수 있다. 서로 이웃을 맺은 사람은 올린 글이나 상품 등에 호의적이며 쉽게 구매할 수 있는 고객군이다. 또한 검색 노출에 따른 상품의 광고나 매출로도 연결될 수 있다. 요즘은 이러한 맨투맨 관계를 통한 거래를 활성화되고 있다. 그러므로 마케팅 방법으로는 TV 등의 광고보다는 SNS를 활용하는 것을 우선순위에 두는 것이 비용과 효과 측면에서 유리하다.

세상 모든 것에는 순서가 있다. 마찬가지로 마케팅에도 우선순위가 있다. 마케팅 대상의 우선순위는 새로운 고객보다는 기존의 단골고객을 우선으로 해야 한다. 단골고객 유지를 잘하면 더 많은 구매를 하고 입소문을 통해 새로운 고객을 유인하기도 한다. 단골고객의 소개로 들어온 신규 고객도 지속적인 구매를 통한 단골고객이 될 가능성이 크다. 단골고객을 유지하는 비용이 신규고객을 유치하는 비용의 8분의 1 정도 밖에 들지 않으니 비용 측면에서도 훨씬 유리하다. 신규고객을 유치하더라도 제공하는 혜택은 단골고객에 주는 혜택보다 크게 하면 안 된다. 신규고객 유치하다가 단골이 이탈할 수 있다.

마케팅 방법으로는 TV 등의 광고보다는 SNS를 통한 마케팅을 하는 것에 우선순위를 두어야 한다. SNS가 비용과 효과 면에서 탁월하기 때문이다. 블로그 마케팅은 이웃 관계 관리를 잘하면 입소문이나 바이럴 마케팅의 효과가 크다. 요즘 SNS는 시대를 거스를 수 없는 대세이다. TV 광고는 사업의 전환점을 찾기 위해 고비용을 투자해서 강한 이미지를 줘야 할 때 시도할 수 있다. 마케팅은 남들이 한다고 따라하지 말고 나만의 마케팅 우선순위를 정해서 해야 성공할 수 있다.

14. 단골고객이 먼저다

　신규회원의 유치하는 비용이 단골고객을 유지하는 비용의 8배나 많이 든다. 이에 비해 단골고객이 신규회원보다 훨씬 더 많은 매출과 수익을 안겨준다.

　마케팅을 할 때에도 매출과 수익 기여도가 큰 단골고객을 우선시하여 진행해야 한다. 그만큼 큰 효과를 안겨준다.

　회원수가 중요한게 아니라 회원의 질이 중요하다.

　단골고객과 뜨내기 고객의 매출의 차이를 비교하면 답이 나온다.

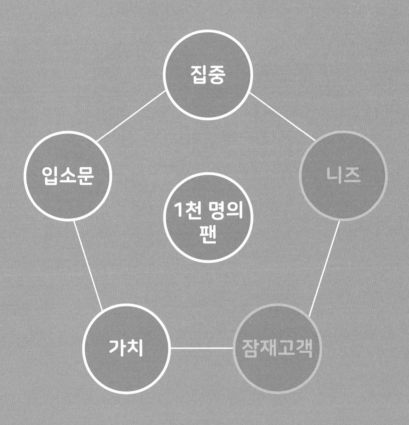

3장

탁월한 가치를
어필하라

- **스토리노믹스**
  감동적인 스토리로 고객을 사로잡는다.

1. 제품에 스토리를 입혀라

무력을 사용하지 않고 부자가 되는 길은
고객을 철저히 감동시키는 것이다.
– 공병호

스토리는 제품에 생명을 불어 넣는다

어릴 적 겨울밤마다 이불을 뒤집어쓰고 할머니의 이야기에 귀를 쫑긋 세웠다. 이야기 속에 등장하는 늑대와 귀신이 무서워서 화장실을 못 가고 발을 동동 구르기도 했다. 할머니의 이야기처럼 스토리가 전개되면 그 속으로 푹 빠진다. 이야기는 설득을 하기 쉽고 내 편으로 만들기 쉽다. 나라마다 신화가 있고 설화가 있다. 내용이 사실인지 아닌지가 중요하지 않다. 오히려 사람들은 그것을 사실로 믿고 자신들과 연결해서 의미를 부여한다. 신화나 설화는 자체에 매력이 있고 사람들을 빠져들게 한다. 이러한 이야기를 요즘은 마케팅에 이용하는 경우가 많이 있다.

프랑스 대혁명이 일어난 1789년의 일이었다. 신장결석을 앓고 있는 레세르 후작이 알프스의 작은 마을 에비앙에서 요양을 하고 있었다. 후작의 병은 큰 진전을 보이지 않고 있었다. 그러던 어느 날 마을의 한 주민이 "이곳에서 나오는 지하수가 몸에 좋으니 한번 마셔 보십시오." 하며 후작에게 '에비앙'의 지하수를 권했다. 후작은 주민의 말대로 에비앙 지하수를 매일 꾸준히 마셨다. 그런데 어느 날 갑자기 놀랍게도 후작의 신장결석은 씻은 듯이 나았다. 후작은 자신이 마신 물이 어떤 물이기에 몸을 낫게 하는지 궁금했다. 물의 성분을 분석해보았다.

그 결과 깨끗한 눈비가 얼고 녹는 과정을 반복하면서 미네랄이 풍부한 물로 정화된다는 사실을 알아냈다. 에비앙 지하수에 미네랄이 풍부하다는 연구 결과가 퍼지자, 이곳에 찾아오는 사람들이 많아졌다. 에비앙 지하수가 솟는 땅의 주인인 카샤Cachat는 자신의 이름을 붙인 'Cachat Spring'이라는 상품을 만들었다. 단순한 물이 아닌 '약효'가 있다고 에비앙 지하수를 상품화했다.

1879년 에비앙 지하수는 맑고 건강한 물로 증명되어 프랑스 정부의 공식 승인을 받았고, '에비앙'이라는 이름으로 본격적으로 판매되었다. 후작이 걸렸던 신장결석은 신장 내부의 요도에 결석이 생기는 병이다. 결석은 소변 속의 무기물이 응고된 것이기 때문에 수분을 많이 섭취해 소변을 자주 배출해주면 낫는 병이다. 후작이 완치될 수 있었던 것은 에비앙의 효능이 아니라 어떤 물을 마셨어도 나았을 것이다.

하지만 에비앙은 단순한 물이 아니라 미네랄이 풍부한 약수라는 것을 강조했다. 또한 후작이 신장결석을 완치한 스토리를 내세워 시장에 판매하였다. 이야기를 내세운 전략은 사람들의 놀라운 관심을 받았고, 에비앙은 세계적인 사 먹는 물의 왕좌에 올랐다. 에비앙에 후작의 신장결석 완치 스토리가 없었다면 어떻게 됐을까?

해마다 11월 11일이 되면 마트나 편의점에서 빼빼로를 산더미 같이 진열하여 판매한다. 나도 이날이면 직원들에게 빼빼로 과자를 선물하고, 받기도 한다. 이날만큼은 서로 빼빼로를 먹으며 흐뭇해한다. 뿐만 아니라 퇴근할 때는 아내와 아들 몫으로도 빼빼로를 사간다. 아들은 "아빠, 오늘은 내가 준거 보다 더 많이 받았어." 하며 좋아 한다. 이날은 '빼빼로 데이'라고 하며 나도 모르게 익숙한 연례행사로 자리 매김 했다. 1994년 부산의 한 여중생이 숫자 1이 네 번 겹치는 11월 11일에 친구에게 "우리 키 크고 날씬하게 예뻐지자."며 빼빼로를 선물했다. 이렇게 시작한 빼빼로를 선물하는 하는 행사가 해를 거듭할수록 확산되어 빼빼로 데이가 탄생했다. 1996년 롯데제과 홍보 담당자는 지방신문을 통해 빼빼로 데이가 있음을 알게 되었고, 이를 대대적으로 마케팅에 활용하면서 젊은 층을 중심으로 퍼져나갔다. 빼빼로 데이는 빼빼로라는 과자 모양이 숫자 '1'을 연상시킨 소비자의 경험을 통해서 스토리로 탄생되었다.

특정일을 기념하는 '데이 마케팅'은 발렌타인 데이, 화이트 데이, 짜장면 데이 등 많이 있다. 고객들이 상품을 소비하기보다는 이미지와 감성, 이벤트를 즐기기 때문에 데이 마케팅이 성공할 수 있다. 우리 가족도 매년 스키 데이를 정해서 다 같이 스키를 타러 간다. 가족끼리 특정한 이벤트 일에 반복적인 행사를 하면 기다려지고 집안의 행사가 된다. 사회 전체로 분위기가 확산되는 '데이 이벤트'는 지치고 힘든 일상에 활력을 불어 넣는다. 또한 이벤트로 인해서 공감대가 형성되고 긍정적인 에너지가 발산된다. 빼빼로 데이는 하이틴 소녀들의 예쁘고 날씬함을 추구하자는 이야기에서 출발해 이제는 연인간의 사랑의 선물 교환일로까지 확대되어 왔다. 빼빼로 데이는 고객주도형 스토리텔링 마케팅의 사례이다.

태풍을 이겨낸 10%의 합격 사과

1991년 가을 일본 아이모리현에 엄청난 태풍이 몰려 왔다. 아이모리현은 사과 농사가 유명한 곳이다. 이때 불어 닥친 엄청난 태풍이 사과 농가에 큰 피해를 입혔다. 수확을 얼마 남겨 놓지 않은 때였는데 사과가 90%

이상 떨어졌다. 떨어진 사과는 당연히 상품으로서 팔수가 없었다. 사과 농부들은 걱정과 시름에 빠졌다. 그 순간 한 농부가 이런 제안을 했다. "태풍에 떨어지지 않은 사과가 10% 있잖아요! 태풍에서 살아남은 사과들을 '합격 사과'라고 이름을 걸고 판매를 해봅시다."

일본에도 우리나라와 마찬가지로 입시 시즌에 수험생들에게 합격을 기원하는 의미의 선물을 하는 풍습이 있다. 태풍이라는 크나큰 시련 속에서도 꿋꿋하게 이겨내고 떨어지지 않은 사과가 합격을 바라는 수험생들에게는 매우 값지고 의미있는 선물이 될 것이라는 게 그의 생각이었다. 이렇게 합격사과의 판매는 입소문을 통해서 일반 사과보다 10배 이상의 가격인데도 불티나게 팔렸다. 그리고 그해 농부들은 태풍 피해가 없는 때보다도 더 많은 돈을 벌 수 있었다.

하룻밤 사이에 태풍으로 거의 모든 사과가 땅에 떨어졌으니 농부들은 얼마나 참담했을까! 1년 동안 애지중지 공들여 키운 사과가 태풍에 떨어지면 그 기분은 말로 표현할 수 없다. 이런 상황이 생기면 비관적으로 자살을 하거나 폐인이 되는 사례가 종종 보도되기도 한다. '합격 사과'라는 아이디어로 오히려 더 큰 수익을 올릴 수 있었던 농부의 기지가 돋보인다. 그냥 태풍에 떨어지지 않은 사과가 아니라, 태풍을 이겨낸 10%의 사과라고 했다. 역경을 이겨낸 사과는 시험을 앞둔 초조하고 불안한 수험생과 부모들에게 충분한 위안이 된 것이다. 태풍을 이겨낸 이야기를 입은 사과는 세상에 단 하나밖에 없는 사과가 되었다. 그렇다고 맛이 더 좋거나 특별함이 있는 것은 아니었다. 그냥 사과에 태풍이 들어갔을 뿐이다. 태풍이라는 역경을 이야기로 풀어서 사과에 담은 결과, 태풍을 오히려 기회로 잡을 수 있었다. 이것이 바로 스토리의 힘이다.

총탄이 빗발치던 2차 세계대전 전쟁터에서 미군 중사가 총알을 맞는다. 총알을 맞은 공포와 충격에 중사는 쓰러졌다. 잠시 후 정신을 차리고 총알이 관통했을 거라고 생각했지만 아무런 통증도 느껴지지 않았다. 자신의 가슴을 더듬던 중사의 손끝에 닿은 것은 자신이 늘 휴대하고 다니던 지포라이터였다. 지포라이터에는 총알 자국이 선명했다. 중사는 지포라이터가 자신의 생명을 구했다는 엄청난 사실을 알고 기뻐했다. 이 이야기는 미국의 시사 화보 잡지 라이프(Life)에 실려 세상에 알려지게 되었다.

이후 지포라이터는 군용으로 자리잡고 병사들은 지포라이터를 불행을 막아주는 부적처럼 여기고 휴대하였다. 물론 전쟁터에서 총알이 꼭 지포라이터를 넣어둔 가슴부위로 날아온다는 보장은 없다. 하지만 중사의 전쟁터 이야기가 참전하는 군인들에게 위안이 되는 것이다. 목숨이 왔다 갔다 하는 전쟁터에서는 살아남기 위해서 지푸라기라도 잡고 싶은 절실함이 생긴다. 이런 절박함이 중사의 이야기와 맞물려 너도나도 지포라이터를 휴대하게 되었다. 전쟁터에서 죽음을 모면한 우연한 스토리가 공감과 위로가 되었다. 이야기를 통해서 지포라이터는 구세주와 같은 의미가 되었다. 이런 스토리가 없었다면 지포라이터는 단지 담뱃불을 붙이는 정도로 쓰이다가 단종되었을 것이다.

스토리텔링이란 story+telling의 합성어로 화자가 어떤 줄거리를 생생하고 설득력 있게 말하는 것이다. 어린 시절 할머니의 이야기를 듣기 위해서 모여들었던 것처럼, 스토리를 통해서 호기심을 자극하여 구매욕을 끌어낼 수 있다. 마케팅에서 스토리텔링이 사용되기 시작한 것은 그리 오래되지 않았다.

스토리텔링이 SNS와 결합하여 다양한 컨텐츠들이 만들어졌다. 무조건적인 홍보보다는 홍보 글에 스토리텔링을 입히면 고객들에게 쉽게 각인되고 입소문을 통해 삽시간에 널리 전파할 수 있다. 제품을 잘 만드는 것도 중요하지만 이에 못지않게 포장을 잘해야 한다. 화려한 포장지로 제품을 예쁘게 포장할 수도 있다. 하지만 공감이 가는 스토리로 상품을 포장하면 감동받은 고객은 구매를 하고 입소문이 널리널리 퍼진다. 이게 바로 스토리의 힘이다. 이제 제품에 스토리를 입히자.

15. 제품에 스토리를 입혀라

신장결석을 앓고 있는 후작의 병을 치료한 에비앙 지하수의 스토리는 단순한 물이 아니라 병을 치료하는 약수로 알려졌다.

에비앙 지하수에 병을 치료한 스토리가 없었다면 어떻게 되었을까?

그냥 그 고장의 지하수일 뿐일 것이다. 제품이 스토리를 입었을 때는 전혀 다른 새로운 제품이 된다.

고객들도 호기심과 더 많은 관심으로 불티나게 사간다.

스토리는 원석을 다이아몬드로 만드는 엄청난 마력을 지니고 있다.

2. 체험으로 특별함을 더하라

사람은 누구나 남다른 사람이 되어야 한다.
- 랄프 왈도 에머슨

체험이 생각을 바꾼다

짚라인Zip Line을 타 본 적이 있는가? 나도 한번 타 봤는데 정말 재미있
다. 팀 워크샵 가서 타기로 했었는데, 타기 직전까지도 망설여졌다. 고소
공포증이 있는 터라 높이 올라가는 건 안 좋아한다. 거기다가 이쪽에서
저쪽 끝까지 외줄에 몸을 맡긴다는 게 여간 불안하지 않았다. 헬멧, 안전
장비를 착용하고 출발하려는 순간 정말 아찔했다. 출렁 하는 소리와 함
께 와이어에 도르래가 감기는 마찰음이 아득했다. 그러나 그것도 잠시,

세상에 이보다 더 좋을 수가 없었다. 얼굴을 감싸주는 바람과 발 아래로 보이는 풍경이 모든 불안과 무서움을 싹 날려버렸다. 이러한 경험은 고정관념을 한방에 날려버리고 기쁨을 안겨줬다. 시중의 제품들 중에도 겉으로 보이는 선입견과 다르게 고객을 흡족케 해주는 것이 많이 있다. 그래서 경험이 중요하다.

도시에서 애를 키우다 보니 자연을 느끼게 해줄 시간이 잘 없다. 아들이 초등학교 저학년이던 시절에는 해마다 봄이면 '딸기 체험'을 갔다. 큰 하우스에 가득히 딸기가 재배되고 있었다. 한 손에는 바구니를 들고 아들 손을 잡고 밭고랑을 따라 갔다. 잎사귀 사이로 빨간 딸기들이 늬웃늬웃 보이면 쪼그리고 앉아서 같이 하나씩 땄다. 고사리 같은 작은 손으로 딸기를 감싸고 따는 모습이 앙증맞았다.

"딸기를 잡으니 느낌이 어때?" "까칠까칠해, 근데 아빠 딸기 냄새가 좋아." "오늘 딸기 몇 개 딸 거니?" "응, 이 만큼 딸 거야. 초록색 딸기 따도 돼?" "초록색은 덜 익은 딸기야. 딸기는 애기 때는 초록색이고 어른이 되면 빨간색이야. 애기 딸기는 덜 익어서 맛이 없대." "응, 알았어 아빠. 이거 하나 먹어도 돼?" "그래, 빨간 것 따서 먹어봐!" "와! 진짜 맛있다!"

애가 어릴 때는 딸기를 사서 꼭지 따고 씻어서, 그것도 잘라서 줬다.

그러다 보니 아들은 딸기가 어떻게 재배되는지 알 리가 없었다. 그저 마트에서 돈만 주면 살 수 있는 물건으로 생각했을 것이다. 체험을 하면 딸기가 어떻게 심어지고 자라는지 알 수 있다. 흙은 넘어져서 옷에 묻으면 털어 내는 것으로만 알고 있었다.

딸기 체험으로 흙에서 씨앗이 싹터서 빨갛고 맛있는 딸기가 자란다는 것을 알게 되었다. 딸기뿐만 아니라 흙의 고마움과 소중함도 알게 되었다. 씻어서 반으로 자른 딸기를 포크로 찍어 먹을 때는 맛만 느낄 수 있었다. 농장에서 줄기에 달려 있는 딸기를 직접 손으로 잡고 따 볼 때는 감촉을 느낄 수 있다. 체험을 통해서 딸기의 모든 것을 알 수 있었다. 아들은 어른이 되어서도 작은 손아귀에 잡았던 딸기의 감촉과 향기를 결코 잊을 수 없을 것이다.

우리 회사의 카드 상품은 각종 제휴카드 등을 합치면 수백 종이 된다. 이뿐만 아니라 그에 따른 각종 서비스도 이루 헤아릴 수 없을 정도로 많다. 그러다 보니 고객들이 자기에게 딱 맞는 상품과 서비스를 이용하기에는 한계가 있다. 물론 홈페이지에 소개와 설명이 잘 되어 있지만 일일이 찾기에는 귀찮은 부분이 많다. TV광고나 각종 매체에 홍보하는 것도 시간과 공간상의 제약으로 세세하게 설명되지 못한다. 이러다 보니 고객의 소리V.O.C에 내게 딱 맞는 상품과 서비스를 찾기가 어렵다는 문의가 많았다. 이를 어떡하면 좋을까! 고민하다가 거듭되는 회의에서 '퀴즈 골든벨' 아이디어가 나왔다.

많은 상품과 서비스를 우리가 설명하기보다는 반대로 고객이 직접 공부하고 알게 하는 것이었다. 상품개발팀 등 각 부서에서 운영하는 상품과 서비스에 대해 문제를 만들어 달라고 요청했다. 취합된 문제들을 정선하여 문제은행을 만들었다. 홈페이지에 문제풀을 게시하고 1차 예선은 랜덤으로 주어지는 10개 이상의 문제를 풀게 했다. 1차 예선 상위자 중 50여명을 2차 본선에 선발했다. 인기 있는 이벤트 대행사를 섭외했다. 많은 관심과 즐거움 속에서 2차 본선을 진행했다. 참여 상품의 효과도 있었지만 고객들의 공부 열기가 대단했다. 1등을 한 고객은 "이번에 골든벨을 준비하면서 롯데카드의 상품과 서비스의 다양함에 놀랐고, 내가 모르던 좋은 상품도 있어서 새로운 상품을 지금 이용하고 있다"고 했다.

상품과 서비스를 출시하더라도 고객이 알지 못하면 금방 잊혀지게 된다. "고객에게 정말 좋은 상품인데, 어떻게 설명할 방법이 없다."는 광고 카피같이 기업이 상품을 고객에게 제대로 전달하기가 어렵다. 우리가 돌파구를 찾은 것은 고객이 직접 상품과 서비스를 공부하고 이용하게 하자는 것이었다. 상품과 서비스에 관해 문제풀 뿐만 아니라 홈페이지 등을 샅샅이 뒤져서 공부한 흔적이 있던 고객도 많았다. 그러면서 새로 알게 된 상품과 서비스도 이용했단다. 또 SNS 등을 통해서 입소문이 퍼져 나가서 너도나도 스스로 찾아보는 즐거움이 있었다. 대부분 퀴즈로 경쟁을 하는 것은 좋아한다. 틀려도 그만, 맞추면 상금도 있으니 기쁨은 배가 된다. 한 문제 한 문제를 풀면서 알게 되는 상품 서비스에 대해서 새로운 구매욕을 자극할 수도 있었다. 이처럼 직접 체험을 통해서 상품에 대한 이해로 관심의 증대와 매출의 증가를 불러올 수 있다.

식사비 내기 싫으면 설거지 하세요

한 남자가 바닥에 설치된 대형 피아노의 건반 위에서 신나게 뛴다. 영화 〈빅BIG〉의 한 장면이다. 마법에 의해 어린이에서 어른으로 성장한 장난감 회사 임원인 톰 행크스가 출연한 영화이다. 여기는 뉴욕 맨해튼 5번가에 위치한 장난감 백화점 F.A.O. 슈와츠. 셀 수도 없을 만큼 갖가지 종류의 캔디, 컴퓨터 게임, 커다란 인형 등이 마치 동화 속에 온 듯한 착각이 들게 한다. 모든 어린이들이 가지각색의 장난감을 보고, 만지고, 느낄 수 있다.

장난감을 파는 것에 그치지 않고, 고객들에게 끊임없는 볼거리와 새로움을 제공한다. 직접 만져 볼 수도 있고 매장을 돌아다니는 내내 신나는 음악도 흘러나온다. 어린이들은 여기서 꼭 장난감을 사지 않더라도 직접 만져보고 가지고 놀 수도 있어서 더없이 가고 싶은 곳이다. 어린이들이 넋을 잃고 좋아하는 곳은 놀이공원이나 장난감 가게이다. 대형 장난감 가게는 샘플을 전시하여 누구든지 만지고 즐길 수 있게 한다. F.A.O에서는 방문한 고객이면 누구나 즐길 수 있는 볼거리와 이벤트를 진행해서 잊지 못할 추억을 선물한다. 이곳은 F.A.O가 적힌 세 개의 주사위를 들고 있는 커다란 곰 인형 동상과 익살스런 표정의 사람 얼굴 모양의 시계탑이 상징이다. 어린이들에게는 동화 속 같은 자신만의 파티를 통해 어린 시절 최고의 추억을 갖게 해 준다.

이런 경험을 하는 아이들을 보며 즐거워하는 것이 부모들의 새로운 경험이 된다. 이러한 마케팅을 통해 140년 동안 장난감 왕국을 지켜오고 있다. 고객인 어린이들의 니즈를 파악해, 직접 체험을 통한 마케팅으로 어린이들의 꿈을 실현시켜 주는 것이다. 보통 장난감을 전시해서 마음껏 가지고 놀게 하면 구매를 하지 않을 것이라고 생각할 수도 있다. 하지만 실제로 경험한 고객들은 더 애착이 가고 구매욕이 생긴다. 마트에서 구매 욕구를 일으키기 위해서 시식 코너를 운영하는 것과 같다. 직접 먹어 보면 사게 된다.

레스토랑에서 식사를 마친 젊은이들에게 다가가 수세미를 건넨다. 수세미에는 다음과 같은 문구가 적혀 있다. "식사비 내기 싫으시죠? 그렇다면 설거지를 하세요!" 영수증을 들고 결제를 하려던 고객들이 잠시 당황한다. 서로의 얼굴을 보면서 그 제안을 받아들이고 주방으로 향했다. '쓱싹쓱싹' 다들 유쾌하게 설거지를 한다. 레스토랑에서 맛있는 식사를 하고 자기가 먹은 식기를 설거지를 하는 건 새로운 경험이다. 설거지를 하면서 젊은이들의 머릿속에는 3M 수세미가 확실히 각인되었다.

이 이야기는 브라질에서의 일이다. 3M 스카치 브라이트는 브라질 수세미 분야에서 유명한 기업이다. 하지만 이에 만족하지 않고 젊은 층인 잠재고객을 유치하기 위해 브랜드를 머릿속에 각인시키려 했다. 젊은이들이 수세미를 사용해보도록 하기 위해 재미있는 프로모션을 했다. "설거지를 하면 밥값이 공짜"라는 프로모션으로 젊은이들에게 레스토랑에서 새로운 경험을 하게 하면서 3M 브랜드를 인지시키려 했다. 재미와 즐거움을 깃들여 자사 제품을 체험하게끔 하였다. 잠재고객을 겨냥한 3M의 노력은 확실하게 젊은 층에게 브랜드를 각인시키게 되었다. 체험도 재미있게 하면 오래 기억되고 상품에 대한 이미지가 확실히 남는다. 고객들에게 레스토랑에서의 설거지는 상상도 못한 체험이다.

매출이 오르지 않는다고 조급해할 필요는 없다. 고객들에게 상품을 체험하게 하여 특별함을 전달하면 분명히 효과가 나타난다. 요즘 고객들은 까다롭고 변덕스럽고 자신의 욕구에 대해서 잘 알지 못하는 경우가 많다. 수많은 정보 속에서 어떤 것을 선택해야 할지 결정을 하지 못하는 '결정장애증후군'을 앓고 있는 사람들도 대다수다. 그렇기 때문에 고객들에게 획기적이고 놀랄 만한 체험을 제공하여 마음을 사로잡아야 한다. 선택을 못하는 것도 결정장애라기보단 많은 기업들이 비슷한 상품을 출시하니 주저할 수밖에 없다. 직접 보고 손으로 만지고 냄새를 맡고 맛보게 하면 구매로 이어진다. 꼼꼼하게 가성비를 따지는 고객들도 직접 사용해 본 경험으로 확신을 가지고 구매를 하게 된다. 단순히 상품을 진열하거나 전시만 하지 말고, 체험하게 해야 한다. 체험을 통해 특별함이 더해질 때 고객은 구매를 결정한다.

16. 체험으로 특별함을 더하라

식사비 내기 싫으면 설거지 하세요! 레스토랑의 이런 제안은 당황스럽다. 하지만 설거지를 하면서 수세미의 성능을 체험한 고객들의 머릿속에는 수세미 브랜드가 각인된다.

이런 각인으로 수세미 구매시 체험한 제품을 구매하게 된다. 체험은 새로운 경험과 추억을 만든다.

이로 인해 고객은 그 제품에 대한 개인적인 애착과 관심을 가지고 매출로 이어지게 된다.

체험으로 특별함을 더하면 고객은 영원히 기억한다.

3. 빵이 아닌 마음을 팔아라

이 세상에서 가장 아름다운 것들은 보이거나 만져지지 않는다.
단지 가슴으로만 느낄 수 있다.
– 헬렌 켈러

물건을 팔면 하나를 판 것이고, 마음을 팔면 다 판 것이다

요즘은 어딜 가나 흔하고 흔한 게 물건이다. 정말로 저 많은 물건들이 언제 다 팔릴까 싶을 정도로 많다. 물건은 많고 사가는 사람은 한정적이다. 고객은 눈으로 보고 마음으로 산다. 고객의 마음을 열기 위해서는 내 마음을 먼저 열어야 한다. 고객은 이성을 가지고 합리적인 소비를 하기보다는 감성을 가지고 충동적인 구매를 할 때가 더 많다. 그 충동을 일어나게 하는 것이 바로 마음이다. 백화점에 가더라도 상품이 비슷비슷할

때 매장 직원의 믿음직스럽고 편안한 분위기가 내 마음을 이끄는 때가 많다. 보이지 않게 잔잔하게 전해지는 마음이 내 마음을 움직여 지갑을 열게 한다.

해마다 5월이면 갑자기 날씨가 더워지는 탓에 식중독 사고가 뉴스를 장식한다. 특히 학생들이 수학여행을 가거나 수련회를 가서 단체급식에서 상한 음식이나 대장균에 오염된 음식을 먹고 구토, 설사 등으로 고생을 한다. 이런 일을 한번 겪으면 단체 급식이 꺼려 진다. 나도 초등학교 때 비슷한 경험이 있어서 충분히 공감이 간다. 이런 뉴스를 접하면 어린 학생들이 먹는 것인데 왜 좀 더 신경을 쓰지 않았을까! 하는 아쉬움이 남는다. 그렇게 위생관념이 소홀한 사람들은 단지 돈벌이에만 관심 있는 철면피라는 생각이 든다. 돈과의 교환 수단으로 제공하는 음식에 정성 가득한 마음은 찾아볼 수가 없다.

요즘은 위생과 관련하여 주방을 개방하거나 투명한 유리를 설치하여, 조리과정을 홀에서 볼 수 있게 꾸며놓은 식당이 많다. 맛도 있고 깔끔하다는 소문을 듣고 찾아간 가게가 있다. 홀에서 안쪽으로 주방이 있는데, 투명한 유리로 홀과 주방을 구분하는 칸막이를 했다. 주방에서 어떤 일을 하는지 다 보였다. 우리의 주문이 들어갔을 때 어떻게 요리하는지 눈길이 갔다. 주방장이 조리에 몰두하여 열정을 다하는 모습과 지글거리는 소리며 냄새는 군침을 돌게 했다. 더욱 관심을 끄는 것은 조리과정을 직접 볼 수 있다는 것이다. 뿐만 아니라 그 식당은 재료 원산지 표기를 확실히 해두었다. 수저와 젓가락은 투명한 비닐봉투에 세트로 포장되어 준비되어 있다. 앞치마는 세탁을 해서 착착 접어둔 것을 제공했다. 모든 것이 마음에 들었다. 이 음식점은 정말로 고객을 생각하고 정성을 다하는 곳이라는 믿음이 들었다. 그날은 안심하고 맛있게 먹었던 하루였다. 먹으면서 힐링받는 기분이 드는 즐거운 시간이었다.

 팔 물건이 아직 없어도 물건을 미리 팔 수 있다. 심지어 물건을 만들어 낼 공장이 없어도 팔 수 있다. 상대방의 마음을 얻고 신뢰를 쌓으면 가능하다. 바로 나의 진실된 마음을 파는 것이다. 어떤 젊은 사업가가 울산에 조선소를 만들 때의 일이다. 그 당시 우리에겐 기술도 자본도 아무것도 없었다. 조선소를 지으려면 외국에서 차관을 얻어야 했다. 미국도, 일본도 가 봤지만 아무도 상대해주지 않았다.

 "너희 같은 후진국에서 무슨 조선소냐?"며 핀잔만 들었다. 마지막으로 영국 A&P의 애플도어의 찰스 롱바툼 회장을 찾아갔다. 주머니에서 500원 짜리 지폐를 꺼내 보이면서 말했다. "이걸 보라! 거북선이다. 당신네 영국의 조선 역사는 1800년대부터라고 알고 있다. 그러나 우리는 1500년대에 이미 철갑선을 만들어 일본을 물리친 민족이다. 우리가 당신네보다 300년이나 조선 역사가 앞서 있다. 산업화가 늦어져 국민의 능력과 아이디어가 녹슬었을 뿐, 우리의 잠재력은 고스란히 그대로 남아있다"

이 말에 룽바툼 회장은 추천서를 써 주었고, 결국 조선소를 건립할 수 있었다. 이제 물건을 팔 차례였다. 그에게는 바닷가 미포만의 백사장 사진만 한 장 있었다. 그러나 그는 그리스 해운업자 리바노스를 만나 26만 톤짜리 배 두 척을 주문받았고, 조선소 건립과 동시에 2척의 배를 진수시켜 세계 조선사에 전무후무한 기록을 남겼다. 이 분이 바로 현대의 고 정주영 회장이고, 회사는 현대중공업이다. 서울신문. 2014.12.11

물건이 없어도, 공장이 없어도 물건을 팔 수 있다. 고 정주영 회장은 조선소를 건립하고 배를 만들겠다는 확실한 의지와 믿음이 있었다. 룽바툼 회장은 바로 그 마음을 알아보고 추천서를 써주고 해운업자 리바노스도 배 두 척을 주문 한 것이다. 반대로 생각하면 룽바툼 회장과 리바노스는 무모한 결정을 했다고 볼 수 있다. 하지만 사업가이자 경영자인 두 사람은 판매자인 정주영 회장의 진정성과 의지가 가득한 마음을 읽었다. 이렇게 고객에게 진정성 있는 마음을 먼저 보이면 물건을 쉽게 팔 수 있다. 고 정주영 회장의 진심이 전달됐기에 물건이 없이도 충분히 팔 수 있었던 것이다.

고객의 마음을 먼저 열어라

총무 업무를 할 때의 일이다. 고객 한분이 다짜고짜로 본사로 찾아와서 사장님을 면담하겠다고 으름장을 놓았다. 일단은 접견실로 안내하고 내 명함을 건낸 후 자초지종을 들었다. 모집인이 서비스가 있다고 해서 카드를 만들었는데, 카드를 받고 보니 그러한 혜택이 없다는 것이었다. 카드회사에서 설계사들이 무리한 영업을 하다보면 종종 이러한 일이 발생한다. 그러면서 고객은 휴가까지 내면서 찾아왔단다.

"당신하고는 말하고 싶지 않다. 지금 당장 사장하고 면담하게 해줘라." 막무가내였다. 고객은 30대 초반의 남성으로 나보다 한참 어려 보였다. "고객님의 심정, 충분히 이해합니다. 저 같아도 화가 나고 카드를 구겨 버렸을 겁니다." 그러면서 마주 앉은 손을 잡고 "고객님도 휴가를 내고 오셨다니, 회사 사장님이 계시죠? 고객님의 사장님은 외부에서 찾아오면 쉽게 만나 주십니까? 사장님이면 얼마나 할 일이 많은 분입니까! 그러지 마시고 이왕 오셨으니 뭔가 해결을 보셔야죠. 카드 혜택은 드릴 수 없지만 다른 방법을 찾아보시죠." 라며 설득하니 좀 누그러졌다.

결론은 금전 보상인 듯 했다. 하지만 큰소리를 떵떵 친 고객의 입으로 말하기는 부끄러웠을 것이다. 그래서 적정한 금액을 제시하니 흔쾌히 받아들였다. 일을 마무리하고 작별인사를 하며 "카드 사용하시다가 궁금한 것이 있으면 언제든 연락주세요. 바로 해결해 줄게요. 그리고 소주 한잔 생각나도 연락주세요." 이렇게 문제를 끝냈다.

　고객이 민원을 제기하고 행패를 부린다고 등을 돌리면 안 된다. 고객도 똑같은 생활을 하는 사람이다. 고객의 민원은 우리의 상품 때문에 발생했다. 그 원인은 바로 우리한테 있다. 우리가 원인을 제공해 놓고 고객이 강하게 나온다는 그 자체만 문제 삼으면 안 된다. 고객의 입장에서 무엇이 문제이고 어떤 보상을 원하는지 파악해서 빨리 해결해 줘야 한다. 나도 누군가의 고객이고 이런 문제가 생길 수 있다. 만약 내가 민원을 제기한다면 정말로 사장을 만나기 위한 것일까? 생각해보면 답이 나온다. 내 입장에서도 현재의 문제를 해결하고 그것이 안 될 때는 적절한 보상을 받으면 만족하고 돌아선다.

　고객의 민원을 신속하게 해결해주면 그 고객은 충분히 충성고객이 될 수 있다. 즉, 고객의 마음을 헤아리며 이해해주고, 나도 진심으로 대화를 하면 고객은 마음의 문을 연다. 마음과 마음을 같은 주파수에 맞추고 얘기하면 해결 못할 일은 없다. 민원을 제기하더라도 우리 상품을 구매해준 고객이다. 우리에게 관심이 있는 고객이다. 또한 우리의 잘못으로 발생한 민원을 '민원인'이라고 선을 긋고 대하면, 해결될 일도 안 된다. 역지사지의 마음으로 내가 고객의 입장이었으면 어땠을까 하고 생각하면 쉽게 답이 나온다. 고객은 우리 상품의 문제로 화가 나고 마음에 상처를 입었다. 찾아온 건 문제를 해결함과 동시에 위로 받고 싶은 마음도 있다. 그러한 마음을 먼저 읽고 사과하며 따뜻한 위로를 전하면 고객은 감동을 받는다. 거기서 얻어지는 신뢰가 충성고객을 만든다.

빵 대신에 마음을 먼저 팔아야 한다. 빵만 팔던 시대는 지났다. 한때는 물건을 만들어 놓으면 금방 팔렸다. 정말로 없어서 못 판다는 말이 있었다. 물건이 귀하던 공급 부족의 시대에는 맞는 말이다. 요즘은 흔한 게 물건이다. 백화점, 마트, 슈퍼, 편의점 어디를 가더라도 같거나 비슷한 물건들이 지천으로 쌓였다. 고객은 어디서나 물건을 살 수 있다. 물건을 일회성으로 파는 것은 뜨내기고객에게 파는 것이다. 지속적이고 반복적인 판매, 단골 고객을 만들기 위해서는 마음을 팔아야 한다. 기존에는 공급 독점이었다면 지금은 수요독점의 시대이다.

이러한 수요독점의 시대에 내 물건을 먼저 팔기 위해서는 고객의 마음을 독점해야 한다. 고객의 마음을 얻어야만 고객이 물건을 살 수 있다. 고객의 마음을 얻으려면 먼저 내 마음을 열고 고객에게 다가가야 한다. 내 마음을 열고 고객에게 내 진심을 전할 때 비로소 고객의 마음이 열리고 고객이 물건을 산다. 그래서 빵보다 마음을 먼저 팔아야 한다.

17. 빵이 아닌 마음을 팔아라

500원 지폐 한장을 들고 차관을 받고, 배를 수주받아 조선소를 건립했다. 조선소도 아무것도 없이 가능했다.

바로 고객에게 마음을 팔아 고객의 마음을 얻었기 때문에 가능했다. 그리고 지금은 수요독점의 시대이다. 이런 시대에 고객의 마음을 얻지 못하면 경쟁에서 도태되고 외면당하게 된다.

고객의 지갑을 먼저 열 생각을 하지 말고, 고객의 마음을 먼저 열어야 한다.

진심을 담아 정성을 다하는 모습으로 고객의 마음을 열어야 한다.

4. 사람의 품격을 높이면 지갑이 열린다

일관성 있는 고품격의 서비스는 배려하는 마음과 능력,
이 두 가지에 달려 있다.
— 칩 벨

사장님 멋지십니다

정장을 말쑥하게 차려입은 신사가 횡단보도를 건너기 위해서 신호를 기다리고 있다. 횡단보도 앞에는 신사 말고도 여러 명의 사람이 신호를 기다리고 있다. 갑자기 신사가 앞으로 걸어 나간다. 신사가 걸어가는 것을 보고 주변 사람들도 앞으로 나아갔다. 그러나 신호등은 아직 붉은색이었다. 반대로 허름하게 거지차림의 남자가 위의 행동을 했을 때는 주변 사람들은 반응이 없었다.

이 실험은 사람들은 말쑥하게 정장차림을 한 타인에 대해서는 신뢰감을 가진다는 것을 보여준다. 즉 그 사람의 품격을 인정하고, 그가 하는 행동을 쉽게 믿고 따른다는 것이다. 정장차림의 신사는 젠틀하니까 법규나 신호를 잘 지킬 것이라고 생각한다. 그렇기에 신사가 횡단보도로 걸어가자 신호등이 바뀌었다고 착각하게 되고, 그를 따라 걸어가는 것이다. 겉으로 보이는 외모도 중요하다. 정장을 입으면 중후하고 믿음이 간다. 한 마디로 품격이 있어 보인다. 그러한 정장 차림을 하면 스스로도 행동의 제약을 받고 조심하게 된다. 주변에서 인식한 대로 행동하려는 경향이 있기 때문이다.

대학을 졸업하고 공부를 하다가 늦게 취업을 했다. 나도 늦었지만 그때까지 취업을 하지 못한 친구들도 있었다. 친구들은 취업을 못했다기보다는 안했다. 취업할 생각이 없었고 계속 공부할 생각을 하고 있었던 것이다. 공부할 동안은 체육복에 슬리퍼를 신고 생활하는 게 익숙했다. 취업을 하니 양복과 셔츠, 구두 등도 사야 했다. 그렇게 쫙 빼입고 공부하는 친구들을 찾아갔다. 체육복 차림의 내 모습이 익숙한 친구들은 양복을 입고 나타난 나를 깜짝 놀란 눈으로 바라봤다. 그리고 부러운 눈빛이 역력했다. "부럽다. 월급은 탔냐?" "아니 아직. 20일이 월급날이니 일주일 남았다. 간만에 만났으니 한잔 하자. 카드도 있어. 술 한 잔 마실 만큼은 돼."

비록 별것 아니더라도 자신을 치켜 주면 괜히 우쭐해지고 목에 힘이 들어간다. 넉넉한 마음이 생기고 베풀고 싶은 충동이 생긴다. 갓 취업했을 때 월급도 받지 않았으면서 신용카드로 친구들한테 한턱을 내는 것은 우쭐한 기분 때문이다. 물론 친구를 생각하는 마음도 있지만 말이다. 체육복을 벗어던지고 양복으로 갈아입은 나 자신이 스스로 가치가 상승한 느낌이 된 것이다. 실제로 나 자신이 변한 건 없지만, 친구들이 치켜 준 품격이 기꺼이 나의 지갑을 열게 한 것이다.

1968년 미국의 교육 심리학자인 로버트 로젠탈과 레노어 제이콥슨은 샌프란시스코의 초등학교에서 지능 테스트를 했다. 테스트를 하면서 담임선생님들에게 "앞으로 수개월간 성적이 오르는 학생을 산출하기 위한 조사"라고 했다. 테스트를 끝낸 후 성적이 오를 수 있는 학생의 명단을 만들어 담임선생님에게 전달해주었다. 그러나 그 명단은 사실 학생들 중 무작위로 뽑은 20%의 명단일 뿐이었다.

담임선생님은 그 학생들에게 기대를 품었고, 8개월 후 그 학생들의 성적은 크게 향상 되었다. 담임선생님의 기대와 격려, 그리고 담임선생님의 기대를 의식한 학생들로 인해 성적이 향상되었다.

이러한 긍정의 효과를 '피그말리온 효과'라고 한다. 피그말리온은 그리스 신화에 나오는 조각가이다. 그는 세상의 여인들에게 만족하지 못하여 결혼하지 않기로 결심하고 살아간다. 그러다가 상아로 여인상을 조각하고, 여인 조각상과 사랑에 빠진다. 옷을 입혀주고 반지와 목걸이를 걸어주며 밤에는 다정한 말과 함께 팔베개도 해 준다. 피그말리온은 아프로디테 여신에게 여인의 조각상이 생명을 갖도록 해 달라고 기도한다. 피그말리온의 기도대로 아프로디테 여신은 조각상에게 생명을 불어 넣어 살아있는 여인으로 만들어준다. 사람이 된 여인 조각상과 피그말리온은 결혼을 하고 행복하게 살았다는 얘기다.

"칭찬은 고래도 춤추게 한다."는 말이 있듯이 칭찬을 하고 격려를 해주면 긍정적인 에너지가 가득 찬다. 긍정적 신호를 보내면 상대방은 나에게 반응을 보인다. 위의 학생들의 경우, 담임선생의 기대와 격려에 부응하기 위해 열심히 공부하여 성적이 향상되는 반응을 보여줬다. 사실 그 20%의 학생들은 정말로 성적이 오를 가능성이 있는 학생들이 전혀 아니었다.

긍정의 에너지는 무한하며 해결하지 못할 일이 없다. 긍정으로 인한 반대급부는 항상 성공과 직결된다. 즉 '긍정을 하면 성공이 온다.'는 공식이 성립한다. 주변에서 인정해주는 대로 행동해서, 인정해주는 대로 결과가 나온다. 우리가 고객에게 정중하게 하고 '사장님', '사모님'으로 부르는 것도 그렇게 고객의 품격을 높여줘서 물건을 사게 하기 위함이다. 사장님, 사모님으로 부른다고 우리에게 손해가 가거나 잘못되는 것이 아니다. 말 한 마디로 고객의 품격을 높여주고 기분 좋게 해서 지갑을 쉽게 열 수 있다.

스스로 품격을 높일 수 있다

직장생활을 하면서 제일 기분 좋을 때가 승진을 하거나 월급이 오를 때이다. 내가 과장으로 승진할 때의 기억은 아직도 선명하다. 직장에서 과장이란 위치는 사원에서 관리자로 한 단계 오른다는 것이다. 관리자가 된다는 것은 그만큼 직장에서 인정을 받는다는 것이기에 과장승진의 기쁨은 더할 나위 없이 좋다. 나의 과장 승진에 누구보다도 더 좋아했던 사람이 있었다. 바로 친한 친구다. 친구는 "이제 과장님도 되셨으니 품격도 높이셔야지! 자! 과장님 품격에 맞는 볼펜 한번 사용해봐!" 하면서 건넨 선물은 몽블랑 볼펜이었다. 정말 말로만 듣던 몽블랑 볼펜을 직접 선물로 받으니 승진 이상으로 기분이 좋았다. 케이스를 열고 볼펜을 들으보니 내 이름 이니셜도 새겨져 있었다. '이 볼펜은 온전히 나만을 위한 것이구나' 하는 생각에 자만심과 프라이드가 살짝 드는 느낌이었다.

이처럼 특정 물건을 소유하게 됨으로써 품격과 프라이드를 갖게 하는 것이 있다. 이런 물건에 대해서 일명 '명품'이라고 한다. 몽블랑 볼펜도 명품 중의 하나에 속한다. 몽블랑은 독일의 명품 브랜드의 하나이다. 볼펜, 만년필, 지갑 등이 유명하다. 몽블랑 볼펜은 40만 원 정도 한다. 볼펜한 자루에 40만원이라면 믿기지 않는 가격이다. 어쩌면 말도 안 되는 비싼 가격이지만 남자들이라면 한 자루 정도는 갖고 싶은 명품 중의 하나이다. 이 볼펜을 휴대하고 있으면 스스로의 품격이 높아지는 느낌이 든다. 특히 와이셔츠 주머니에 꽂고 일할 때 주는 매력은 이루 말할 수 없다. 볼펜 한 자루 때문에 품격과 프라이드가 생기는 것이 몽블랑의 매력이다. 이 볼펜으로부터 생기는 품격은 사람들간에 암암리에 형성된 것이다. 이런 이유 때문에 친구는 내 품격을 높여주기 위해서 기꺼이 지갑을 열었던 것이다. 그 볼펜을 지금도 갖고 있다. 한번씩 볼 때마다 기분이 좋아지며 친구 생각이 난다.

사람의 품격을 높이면 지갑이 열린다. 자신을 알아주고 인정할 때 우쭐해지는 게 사람의 마음이다. 누구나 특별히 대접 받고픈 욕망이 있다. 비쌀수록 잘 팔린다는 말이 있다. 비싸게 파는 사람은 허영심의 심리를 잘 이용한다. 신문에도 왕왕 나오는 내용이 "불황일수록 명품이 잘 팔린다."는 것이다. 돈 많은 부자들이야 불황의 늪을 피해갈 수 있다. 그러니 이럴 때일수록 매장에 오는 고객들의 품격을 높여주면, 고객은 그런 사람인 것으로 인식하여 쉽게 지갑을 연다. 그래서 흔히 시장을 다니다 보면 "멋있는 사장님. 이리 오십시오." "이쁜 사모님 이리 오십시오." 등의 사탕발림을 한다.

누군가가 인정해줄 때 거기에 걸맞은 행동을 하고픈 심리가 발현된다. 이런 심리의 기저에는 자기 암시를 하는 피그말리온 효과가 있다. 간절히 자기최면을 걸어서 남들이 인정해주는 위치의 사람임을 확신한다. 그러한 확신을 외부에 증명이라도 하듯 흔쾌히 지갑을 연다. 내 품격을 주변에서 인식해주면 자신도 동조해서 긍정의 마인드를 형성한다. 또 거기에 맞는 행동을 하려고 한다. 고객의 지갑을 열게 하려면 고객의 품격을 높여라.

18. 사람의 품격을 높이면 지갑이 열린다

'사장님.' '사모님.'

이 한마디에 우쭐한 기분이 들고 그냥 사주고 싶다. 누구에게나 있는 대접받고 인정받고 존중받고자 하는 열망이 결실을 이룰 때 쉽게 지갑을 연다.

어쩌면 허영심의 일면이지만 이러한 감정이 있는 게 솔직한 사람들이다. 고객의 품격을 인정해 주고 알아주면 고객은 인정받음에 감동을 받는다. 하지만 가식적이지 않고 진솔되게 고객에 대한 인정이어야 한다.

오로지 물건을 팔기 위한 감언이설은 오히려 독이 될 수 있다.

5. 나쁜 경험이 더 오래 기억된다

만족한 고객은 제품에 대한 좋은 경험을 3명의 타인에게 이야기하는 반면,
불만족 고객은 11명에게 이야기한다.
– 마케팅 구전효과

고객을 함부로 대하면 망하는 길밖에 없다

나쁜 경험을 해본 적이 있는가? 나도 나쁜 경험을 해본 적이 있다. 돌이켜 보면 그래도 좋은 경험을 한 경우가 더 많지만 당시의 기억은 가물가물하다. 좋은 경험은 어쩌면 당연하다고 생각하기 때문일 것이다. 나쁜 경험을 하면 마치 악몽과도 같은 찝찝함을 쉽게 떨칠 수 없다. 그것은 마치 트라우마와 같다. 고객들도 좋은 경험은 기억을 못하더라도, 나쁜 경험은 오랫동안 기억한다.

대부분, 고객의 입장에서 불친절한 서비스에 대해서 나쁜 경험을 해본 적이 있을 것이다. 나쁜 경험은 이상하게 오래 기억되고 잊혀지지 않는다.

　몇 년 전의 얘기다. 보고서 작성 때문에 점심시간도 잊고 열심히 일했다. 일을 끝내고 나니 2시가 넘었다. 일을 끝내니 피로감과 배고픔이 물밀듯이 몰려왔다. 그 시간에는 대부분 점심을 다 먹었다. 혼자 가서 먹으면 어색해서 동료에게 같이 좀 가자고 했다. 뭘 먹을까 고민하다가 근처 칼국수 집으로 갔다. 여기는 TV에도 나오고 유명한 맛집이다. 기분 좋게 둘이 식당 문을 열고 들어갔다. 둘이 앉으니까 직원이 다짜고짜 주방에다가 "여기 2개 추가요!" 하는 것이다. "저희 하나만 시킬게요. 한 명은 먹고 왔어요." "우린 무조건 사람 숫자대로 팝니다" "하나만 주세요! 빨리 먹고 갈게요" "그럼, 여기서 드시지 말고 밖에 나가면 쪽의자 있어요. 거기서 드시고 가세요." "네? 지금 장난합니까?" 하고 문을 박차고 나왔다. 그때의 경험은 아직도 생생하다. 고객에게 어쩜 그렇게 대할 수가 있을까! 정말 황당한 경험이었다. 그 시간은 점심때가 지난 시간이라 빈자리도 많았고 여유가 있었다.

　손님의 의중을 묻지도 않고 다짜고짜 주문을 넣는 것도 황당했지만, 혼자 먹으려면 밖의 쪽의자에 앉아서 먹으라는 이야기를 아무렇지도 않게 말하는 태도가 정말 어이없었다. 오래된 맛집의 경우에는 특색이 있다. '욕쟁이 할머니'로 유명한 국밥집이 그렇다. 또 메밀국수집으로 유명한 맛집은 공간이 워낙 좁아서 같이 온 손님 일행은 상관없이 빈자리에 차례로 앉아서 먹게 한다. 그런 경우는 각자의 특색이 있는 경우라 이해가 간다. 혼자 먹는다고 밖의 대기의자에 앉아서 먹으라는 경우는 이해할 수 없다.

그때 이후로 그 칼국수집에는 절대 가지 않았다. 직원들과 점심시간에 어디를 갈까 고민을 한다. 가끔씩은 누군가가 저 집으로 가자고 할 때가 있다. 나는 쌍수를 들고 결사반대한다. 거기에는 그런 경험이 있으니 가지 말자고 했다. 한 번의 나쁜 경험은 오래도록 잊혀지지 않는다. 뿐만 아니라 주변에 소문을 내서 가지 않도록 당부도 한다. 돌이켜 보면 다른 식당들에서의 기분 좋은 경험도 많이 있었는데 그런 경우는 오래 기억에 남지 않고 금방 잊게 된다. 반면에 이런 나쁜 경험은 시간이 흘러도 아직도 생생하다. 그 칼국수집엔 평생 가지 않을 것 같다.

요즘은 인터넷 쇼핑몰에서 많이 구매를 하기 때문에 택배가 성행한다. 나도 일주일에 1~2건 주문을 한다. 미국의 유명 택배회사 직원이 택배물품을 마구 집어 던지다가 CCTV에 찍힌 장면이 화제가 되었다. 택배차량에서 내린 배달직원이 배달박스를 들고 집 앞으로 달려가서 그냥 집어

던진다. 마치 쓰레기를 던지듯이 현관 앞에 내동댕이치는 것이다. CCTV에 찍힌 모습을 본 주인은 어이없는 표정을 한다. 또 다른 장면이다. 택배물건을 차에 싣고 내리는 모습이다. 마치 농구공을 던지듯 몇 미터 떨어진 도로에서 집어 던지고, CCTV를 향해 보란 듯이 가운데 손가락을 치켜든다. 이러한 동영상이 인터넷을 통해 퍼지자 택배회사들은 사과하고 진화에 나섰다.

택배회사의 택배물량은 갈수록 많아져서 직원들이 과도한 업무에 시달린다는 보도는 들었다. 인터넷 구매의 활성화로 앞으로 이런 현상은 더 심화 될 것이다. 택배 직원들이 던지고 함부로 하는 데는 여러 가지 이유가 있을 것이다. 물량이 많아서 지치고 힘들다거나, 하는 일에 비해서 급여가 적어서일 수도 있다. 물건을 던지는 행위의 원인은 고객한테 있는 것이 아니다. 택배 회사의 내부 문제인 것이다. 직원의 개인 서비스 마인드가 부족할 수도 있고 물량이 많아서 지친 상태에서 오는 반감일 수 있다.

내부 문제로 인해 고객에게 불쾌감과 피해를 주는 것은 위험하다. 고객이 끊길 수 있으며, 종국에는 사업의 존폐가 문제될 수 있기 때문이다. 내부적으로 직원에 대한 서비스 교육을 강화하는 한편 통제시스템도 필요하다. 또한 물량이 많아질 경우 다른 대안도 찾아봐야 한다. 이런 경험을 한 고객은 불안해서 그 택배회사를 이용하지 않을 것이다. 고객의 나쁜 기억은 오래도록 남고 입소문이 퍼져서 결국 이용하는 고객이 없어질 것이다. 이런 심각한 상황이 오기 전에 신속한 대처를 해야 한다.

가보면 알아요. 인터넷에 다 나와요

일본 오사카로 가족여행을 갔다. 아들이 초등학교 때라 가이드의 충분한 설명을 들으면 교육적으로 도움이 될 것 같아서 패키지로 갔다. 가이드는 12년 경력이라고 소개했다. 우리가 여행할 곳은 오사카성, 청수사, 유니버셜 스튜디오, 교토 동대사 등이다. 가는 곳마다 상세한 설명과 기대감을 갖도록 하는 것이 가이드의 역할이다. 그러나 가이드는 대충 설명하고 "가 보면 알아요. 인터넷에 다 나와요." 이러는 거였다. 귀찮은 건지 피곤한 건지는 몰라도 이럴 거면 패키지를 올 이유가 없었다. 가족끼리의 추억여행이 가이드의 불친절로 나쁜 기억을 남기게 되었다.

여행서비스는 고객들에게 여행의 즐거움과 잊지 못할 추억을 만들어 주어야 한다. 고객이 모든 내용을 다 알거나 인터넷에 나온다고 하더라도 알려줘야 할 의무가 있다. 고객이 지불한 여행비에는 듣고 싶은 서비스도 포함되어 있다. 가이드는 경력이 중요한 게 아니라 자기 역할을 잘하는 게 우선이다. 경력이야 시간이 지나면 쌓인다. 하지만 역할에 따른 업무 노하우는 자신이 노력하고 개발할 때 생긴다. 역사 유적지를 갈 때는 인터넷을 찾아서 아들에게 설명해주었다. 덕분에 공부해서 알아가는 여행의 추억이 되었다. 오사카 여행은 다른 건 다 좋았다. 하지만 가이드의 서비스에 따른 아쉬움 때문에 나쁜 경험을 하게 되었다. 다음 여행은 자유여행으로 결정하는 게 낫겠다는 생각이 들었다.

데이브 캐롤은 캐나다의 가수이다. 2008년 그는 소속 밴드 선즈 오브 맥스웰Sons of Maxwell과 함께 캐나다 할리팩스에서 미국 네브라스카주 오마하로 가는 유나이티드 항공기를 탔다. 당시 데이브 캐롤은 비행기 창밖에서 수하물 담당 직원들이 자신의 기타 케이스를 집어 던지는 등 부주의하게 수하물들을 취급하는 것을 목격했다. 그는 승무원에게 시정 조치를 해 달라고 요청했지만 특별한 조치는 되지 않았다.

오마하에 도착 후 데이브 캐롤이 기타를 케이스에서 꺼내 들었을 때에는 기타가 박살나 있었다. 뒤늦게 기타 수리비 1200달러를 보상해 달라고 요구했지만 유나이티드 항공사 측은 24시간 내에 보상 신청을 하지 않았다며 거절했다. 데이브 캐롤은 엄청나게 화가 났고 이 동영상은 인터넷을 떠돌게 되었다. 그때서야 유나이티드 항공사는 사과와 기타 값에 해당하는 3000달러를 보상했다.

또 최근에는 유나이티드 항공사가 오버부킹에 승객을 강제로 끌어내린 사건이 불거졌다. 데이브 캐롤은 자신의 트위터에 "배려와 동정심이 없는 유나이티드 항공이 공격받기 쉬운 대상으로 전락해 비난을 면하지 못할 것."이라는 글을 올렸다.

데이브 캐롤의 "유나이티드가 내 기타를 부러뜨렸어."라는 동영상은 현실을 고발하는 내용이다. 고객의 수하물을 집어던지고 함부로 취급해서 내용물이 파손된다는 것은 있을 수 없는 일이다. 고객의 물건을 그렇게 취급하는 것은 고객을 우습게 본다는 것이다. 고객을 떠받들지는 못할지언정 최대한의 예의와 친절로 서비스를 해야 한다. 나쁜 경험을 한 고객은 두 번 다시 이용하고픈 생각이 들지 않는다. 그러다가 관련 동영상이 유포되자 부랴부랴 보상을 하고 진화해 나갔다.

거기다 최근에는 오버부킹으로 승객을 강제로 끌어내린 사건이 발생했다. 회사가 잘못해 놓고 고객을 짐짝처럼 끌어내리는 것은 있을 수 없는 일이다. 사과를 하고 보상 및 다른 비행편을 제공하는 게 우선이다. 오버부킹의 대상이 되어 강제로 끌려 나올 수 있다면 누가 유나이티드 항공을 이용할까? 고객의 나쁜 경험은 오래도록 기억되고 회사를 찾지 않게 된다. 반복되는 고객 불만에 대해 유나이티드 항공은 내부 점검을 해서 서비스 개선을 위한 노력이 필요하다.

누구나 마찬가지이다. 나쁜 기억은 트라우마와 연결된다. 트라우마는 명확한 시각적 이미지를 동반한다. 이 이미지는 장기적인 기억과 비슷하다. 우리 주변에서 흔히 볼 수 있는 경우로, 사고로 인한 외상이나 정신적인 충격 때문에 사고 당시와 비슷한 상황이 발생했을 때 불안해지는 경우에 해당한다.

트라우마는 정신적으로 증세가 심한 경우이고, 일상생활에서 흔히 볼 수 있는 나쁜 기억은 트라우마로 가기 전 단계로 보면 된다. 이처럼 고객의 나쁜 경험은 고객 개개인에게 심각한 정신적 후유증을 안긴다. 불만을 경험한 고객은 주위의 20명에게 전파하고, 이를 들은 20명은 다시 주위의 5명에게 전파한다. 지금 내 앞에 있는 고객이 불만을 갖게 되면 100명의 잠재고객이 돌아서게 된다.

그러기 때문에 우리는 고객에게 좋은 경험을 제공해서 만족시켜야 한다. 나쁜 경험을 제공했을 경우에는 그 파급효과는 수백 배가 된다는 것을 명심해야 한다.

19. 나쁜 경험이 더 오래 기억된다

"혼자 드시려면, 밖의 쪽의자에서 드세요"라는 말을 들은 고객은 두 번 다시 그 집을 찾지 않는다.

두 번 다시 찾지 않을 뿐만 아니라, 주변에 소문을 내어 다른 손님도 못 가게 한다. 한 고객의 불만은 100명에게 전파된다고 한다.

결국 한 명의 불만은 100명의 잠재고객의 불만이 된다. 고객을 왕처럼 모시지 않더라도, 정성껏 마음을 헤아려 모셔야 한다.

나쁜 경험을 오래도록 기억한다는 것을 명심해야 한다.

6. 꼭 필요한 상품을 팔아라

승자와 패자의 차이는 간단하다.
승자는 패자들이 하기 싫어하는 것을 했을 뿐이다.
– 덱스터 예거

내게는 꼭 필요한 물건이야

1931년 어느 날, 영국의 황태자 에드워드 8세는 한 파티에 참석해 푸른 드레스를 입은 여인에게 첫눈에 반한다. 이 만남을 시작으로 두 사람은 연인관계로 발전했다. 이 여자는 기혼녀이며 에드워드와 결혼을 위해 이혼을 한다. 그러나 영국 왕실과 의회 국민들까지 결혼을 반대한다. 왕실은 하객을 단 한 사람도 보내지 않았고 결혼식은 초라했다. 신부는 사랑을 맹세하는 의미에서 푸른 드레스를 입었다.

비록 초라한 결혼식이었지만 세계인들의 뜨거운 관심을 받았다.

에드워드 8세가 왕위를 포기한 것은 사랑 때문이다. 에드워드가 그날 파티에서 여인을 만나지 않았다면 영국 왕이 되었을 것이다. 그러나 에드워드는 영국을 호령하고 높은 권좌에 앉을 수 있는 기회를 포기하고 사랑을 선택한다. 에드워드가 왕위를 포기한 이유는 여인을 지극히 사랑하는 마음이 있었기 때문이다. 에드워드는 왕좌보다 더 소중한 사랑을 선택했다. 에드워드처럼 우리도 다른 것을 포기하고 꼭 특정 물건만을 구매하는 데는 반드시 그럴 만한 이유가 있다.

나이 50세가 넘어서면 많은 변화가 있다. 바로 '갱년기' 증상이다. 갱년기 증상은 갑자기 몸이 더워져서 땀이 나기를 하루에도 몇 번씩 반복한다. 사람에 따라 몸에만 증상이 나는 경우도 있고, 얼굴에 나타나는 경우도 있다. 직접 겪지 않으면 이해하지 못할 몸의 변화다.

겨울에도 지하철에서 갑자기 얼굴에 땀을 흘리는 중년 아주머니들, 집에서 갑자기 창문을 여는 엄마들을 보는 사람들은 황당할 수 있다. 당사자는 정말 감당하기가 힘들다. 이런 증상이 반복되다 보면 체력이 급격히 감소되고 지친다.

국내 인삼전문 브랜드 J사에서는 갱년기 여성들의 말 못할 고민을 해결하기 위해 '화애락'이라는 신상품을 출시했다. 복용해본 사람들은 이

구동성으로 열이 나고 땀이 나는 증상을 완화시켰다고 한다. 효과가 입소문으로 퍼지면서 갱년기 여성들의 필수품으로 이 상품이 인기가 있다. 갱년기 증상을 겪는 사람들은 증상의 고통을 잘 안다. 그러기 때문에 고통을 없애거나 완화해주는 제품이 있다면 주저 없이 구매할 의사가 있다. 당사자들에게는 엄청난 고통이기 때문에 화애락과 같은 효과가 있는 제품이 절실하다. 정관장은 갱년기 여성들에게 꼭 필요한 제품을 간파하여 만들어냈다. 남들이 볼 때는 이해하지 못할 수 있지만 당사자들에게는 힘들고 절실한 것이 있다. 기업은 그것들을 찾아내, 고객에게 절실한 상품이나 서비스를 제공해야 한다.

우리나라의 봄 날씨는 포근하고 화창하고 청명한 날씨였다. 날씨 때문인지 화창한 봄날에 대한 시와 노래와 소설 등 감성을 자극하는 문학작품이 많다. 지금은 이러한 봄의 정취 대부분이 옛말이 되어버렸다. 봄이면 어김없이 찾아오는 황사와 미세먼지가 산과 들은 물론이요 대한민국 전체를 뒤덮는다. 화창한 날을 볼 수 있는 게 손꼽을 정도다. 나처럼 기관지가 약한 사람은 답답함과 잔기침으로 고생한다.

미세먼지는 중금속 성분이 포함되어 있어서 인체에 치명적인 성분이 많다. 주차장에 세워진 차에도 뿌옇게 먼지가 쌓였다. 공원의 나뭇잎들을 자세히 보면 먼지로 뒤덮여 있다. 특히 야외의 빨랫줄에는 빨래를 말릴 수가 없다.

대기환경이 심각할 정도로 안 좋아지며 사람들은 건강에 대해 더 많은 관심을 가진다. 정부에서도 황사나 미세먼지의 농도를 실시간으로 체크해서 알려준다. 특히 매우 나쁨 단계일 때는 국민들에게 재난문자 서비스를 제공하여 야외활동 자제를 당부한다.

이런 날에는 모든 사람들이 어김없이 마스크를 착용한다. 우리 5천만 국민이 하루에 마스크를 착용한다고 하면 그 숫자도 어마어마하다. 요즘은 누구나 다 1회용 마스크를 사용한다. 한번 쓰고 버리기 때문에 각 가정에는 마스크를 대량으로 구매해서 생활필수품처럼 사용한다. 그뿐만 아니라 미세먼지로부터 아이들과 가족을 보호하기 위해서 공기청정기가 불티나게 팔린다. 나도 2년 전에 하나 마련했는데 잘 산 물건 중 하나에 속한다. 공기 중 미세먼지의 양에 따라 공기청정기 전면에 표시되는 적, 황, 청 색깔의 센서 표시는 긴장감을 들게 한다. 공기청정기를 가동하면서 빨간색에서 점차 파란색으로 바뀔 때는 안도의 마음이 든다.

미세먼지의 습격으로 인해 건강과 일상이 위협받고 있다. 그 위험에서 벗어나기 위해 사람들은 마스크와 공기청정기를 구매하게 된다. 생명과 직결되는 중요한 문제이기 때문에 마스크와 공기청정기는 생활필수품이 되었다. 생활필수품을 구매하는 데에는 이유가 없다. 살아가기 위해서 반드시 필요하기에 묻지도 따지지도 않고 구매한다. 시대와 환경의 변화에 따라 이처럼 생활필수품에도 변화가 있다. 그런 변화에 맞게 상품과 서비스를 준비해서 우리 것을 꼭 사게 만들어야 한다.

상조서비스는 집사같이 든든하다

유교 문화의 영향을 받은 우리는 관혼상제를 중요시한다. 특히 상喪을 당했을 때에는 최고의 예의를 갖추고 고인을 잘 모셔야 한다. 전통적으로 시골의 공동체 생활에서는 상사喪事에 친척과 이웃들이 도와서 공동으로 일을 처리했다. 고인을 위한 염, 문상객 맞이를 위한 음식 준비, 꽃상여의 운구, 묘지를 다듬는 일 등을 모두 함께 처리했다. 마을의 나이 지긋한 노인네들의 지도와 지시에 따라 모든 절차가 순조롭게 진행되었다. 이러한 절차는 고인의 집에서 진행된다.

요즘은 상을 당하면 장례식장에서 모든 절차가 진행된다. 핵가족화의 영향으로 상을 당하면 염을 하거나 장례절차를 아는 사람은 거의 없다. 장례절차는 진행되어야 하고 아는 사람은 없으니 난감한 상황이다. 이 틈새를 파고들어 생긴 업종이 장례지도사나 상조회사이다. 상주喪主는 장례지도사나 상조회사에서 알려주는 대로 절차를 따르기만 하면 모든 장례를 무사히 마칠 수 있다. 현대 생활에 더없이 편리하고 실속있는 서비스로 보인다.

요즘은 자녀가 둘이거나 하나이다. 갑자기 부모님이 돌아가시면 당황하고 난감할 수 있다. 사람은 누구나 한번은 죽는다는 전제에서 자녀들이 미리 상조회사에 분납으로 상조서비스에 가입한다. 부모님이 돌아가셨을 때 잘 모시기 위한 효의 표현으로 보인다. 일생에 한번쯤은 치러야 할 절차이기 때문에 대부분의 사람들이 가입하고 있다. 그래서 상조회사는 우후죽순처럼 많이 생겼다.

그중에서 돋보이는 회사는 P사이다. 여기는 단순한 상조서비스만 제공하는 것이 아니다. 안마의자 등의 생활가전 렌탈업체의 제휴 상품을 제공한다. 단순히 장례절차를 위한 할부금을 납부하는 것이 아니고, 현재 가족들의 건강을 위한 서비스를 제공한다. 비록 안마의자는 사망이 아닌 건강과 관련된 것으로 이질적이지만 매칭이 잘 된다. 서비스의 다양하고 입체적인 제공으로 고객들은 더 만족하고 주저 없이 구매를 한다. 일생에 한 번은 준비해야 하는 상조서비스에 건강을 가미한 마케팅은 구매의 욕구를 더욱 높였다. 상품과 서비스에 대한 아이디어는 무궁무진하다. 항상 고객의 니즈를 생각하고 연구하면 거기에 적합한 상품과 서비스를 만들어낼 수 있다. 이렇게 미리 준비를 할 때 고객은 니즈가 충분히 반영된 상품과 서비스를 구매한다.

길을 걷다 보면 지나가는 여성들의 어깨에 멘 가방은 이름만 들어도 알 수 있는 일명 '명품'이 많다. 어떤 명품가방은 워낙 비싸서 "어깨에 승용차 한 대를 매고 다닌다."는 말도 있다. 명품은 제품 자체를 잘 만들기도 하지만 브랜드 인지도에 따른 가치가 반영된 것이다. 순수하게 제품 자체의 가치를 놓고 볼 때는 명품의 가격과 제품의 가치 차이는 엄청나다. 차이가 나는 만큼이 거품가격이다. 거품은 언젠가는 꺼지는 것을 전제로 하는 말이다.

명품의 가치는 결코 꺼지지 않기 때문에 명품에는 거품가격이라는 말을 쓰지 않는다. 명품이 천정부지로 비싸더라도 구매를 하는 사람들은 꾸준히 늘어난다. 명품 자체에 대한 수요는 그만큼 크고 식지 않는다. 특히 한정 수량 판매일 경우에는 몇날 며칠을 밤을 새가며 줄을 서서 구매하기도 한다. 명품에 대한 사회 일각의 비난도 있다. 하지만 누구나 명품을 보면 눈이 돌아가고 선망을 하게 된다. 명품은 고객을 찾아가는 것이 아니라, 고객들이 명품을 찾아온다. 명품을 소지하는 것 자체만으로 만족감과 감동을 느끼기 때문이다.

고객들이 왜 우리의 제품을 구매할까? 분명 이유가 있다. 그것은 바로 필요하고 원해서 구매한다. 에드워드가 왕좌보다 사랑을 선택했듯 다른 사람들이 뭐라고 하더라도, 나만이 원하고 갖고 싶은 것이 있다. 갱년기 여성은 더위와 땀을 해소해주는 상품을 원한다. 미세먼지는 마스크와 공기청정기를 구매하게 했다. 일생에 한번 치를 장례절차에는 상조서비스가 필요하다. 과시욕과 허영심이 있는 사람들은 명품이 필요하다. 이처럼 강한 니즈가 상품과 서비스를 구매하게 한다. 고객의 니즈가 무엇인지 먼저 파악하고 거기에 맞는 상품과 서비스를 제공하여야 한다. 고객이 원하는 상품과 서비스를 미리 제공하면 고객은 덥석 낚아채듯이 구매한다. 고객의 니즈가 해소된 후에 상품과 서비스를 준비한다면 고객의 등 뒤에서 고객의 발길에 일어난 먼지만 덮어 쓸 뿐이다.

20. 꼭 필요한 상품을 팔아라

미세먼지와 황사는 대기환경을 변화시켰다. 이런 변화에 따라 고객의 수요에도 변화가 생겼다. 바로 공기청정기와 마스크다.

이런 제품들이 이제는 생활필수품으로 자리매김한다. 그만큼 건강에 대한 관심이 부쩍 높은 현대에 이런 제품들에 대한 니즈는 강할 수밖에 없다.

변화하는 환경에 주의를 기울여 미리미리 고객의 니즈를 예측하여 거기에 맞는 꼭 사야만 하는 상품과 서비스를 준비하여 제공해야 한다.

7. 탁월한 가치를 제공하라

완벽함이 아니라 탁월함을 위해서 애써라.
– H. 잭슨 브라운 주니어

포도 한 알의 가치

"만일 당신이 배를 만들고 싶다면 사람들을 불러 모아 목재를 가져오게 하고 일을 지시하고 일감을 나누어 주지 말라. 그 대신 그들에게 저 끝없는 바다에 대한 동경심을 키워줘라."라는 생텍쥐페리의 말이 있다. 동기 부여를 위해서는 일에 대한 지시를 할 것이 아니라 일의 결과에 따른 가치를 제공해야 한다는 뜻이다.

요즘 학생들은 학교 공부보다는 학원 다니는 일 때문에 더 힘들어 한다. 학원을 마치고 집에 오면 밤 11시 가까이 된다. 참 안타깝다. "아들! 힘들지?" "응, 아빠. 피곤해. 학원 숙제가 너무 많아." "그렇구나, 어떡하니?" "공부 안하면 안 돼?" "공부 안하면 뭐 할래?" "그냥 놀고 싶어." "뭐 하고 놀 건데?" "게임하고 핸드폰 만지고 그러고 싶어." "그러면 나중에 어른 돼서 뭐하고 싶은데?" "판사가 되고 싶어." "왜 갑자기 판사야?" "공평하게 재판을 해서 불쌍한 사람을 도와주고 싶어." "그래! 멋지다. 근데 판사가 되려면 어떻게 해야 하나?" "열심히 공부해야지!" "그렇지, 판사가 되려면 진짜 공부도 많이 해야 하고 책도 많이 읽어야 하는데." "" "응, 알았어, 들어가서 공부할게." 아직도 어려서 꿈이 수시로 바뀐다.

공부하란 얘기보다 꿈을 먼저 얘기하고, 꿈을 실현하기 위한 방법을 제시하는 게 동기 부여를 하는 데 효과적이다. 가뜩이나 공부하기 힘든 아이들이다. 공부에 지치고 힘든 상태인데 무조건 공부하라고 하면 오히려 반감이 생긴다. 공부를 해야 한다는 것은 스스로가 잘 안다. 힘드니까 투정을 부리는 것이다.

꿈이나 희망에 대한 가치를 얘기해보면 관심을 가지고 진지해진다. 그 꿈에 대한 확신을 심어주고 실현하기 위한 방법을 소개하면 공부에 몰입한다. 꿈에 대한 가치를 생각하면 실천을 하기가 쉬워진다.

일본 도쿄의 변두리 가난한 집에 한 소녀가 누워 있었다. 그 소녀는 혈액암을 앓고 있었다. 포도를 먹고 싶다는 딸의 소원을 듣고 엄마는 마지막일지도 모른다는 생각에 무작정 포도를 찾아 나섰다. 하지만 시기가 5월 봄이었다. 한참을 헤매고 다니다가 다케시마 백화점으로 들어갔다. 백화점의 식품코너에서 포도송이를 발견했다.

엄마는 그렇게 찾아 헤매던 포도송이를 보고 한숨을 쉬고 말았다. 제철이 아닌 포도 값이 수만 엔이었기 때문이다. 엄마가 가진 돈은 2천엔뿐이었다. "암에 걸린 딸애가 시한부 삶을 살고 있어요. 딸애가 포도가 먹고 싶다고 해서 그러는데 포도 몇 알만이라도 살 수 없을까요?" 부탁을 들은 직원은 기꺼이 포도송이를 잘라 예쁘게 포장을 해서 엄마에게 건네주었다. 직원의 진심 어린 배려로 병든 소녀는 원하던 포도를 먹을 수 있었다.

제철 과일이 아닌 경우에는 으레 비싸다. 백화점 직원은 엄마의 사연을 듣고 부탁을 거절할 수도 있었다. 거절을 한다고 하더라도 잘못된 행동은 아니다. 직원이 스스로 판단하여 포도송이 채로 파는 것을 잘라서 일부만 팔았다. 아픈 딸의 엄마는 기대도 못한 배려를 받았다. 백화점은 포도알 몇 개만 팔았지만 어린 딸의 엄마는 딸의 소원을 샀다. 그 엄마에게 포도 몇 알의 가치는 세상에 그 무엇과도 바꿀 수 없는 가장 값진 것이었다. 상품에 대해 사람이 느끼는 가치의 차이는 다르다. 보다 높은 가치를 채워야 고객만족과 감동을 이끌 수 있다. 우리는 조금만 신경 쓰면 사소한 의사결정으로 높은 가치를 실현할 수 있다.

우리가 팔지 않은 것도 반품받는다

몸이 아픈 어머니를 위해 한 여성이 자포스에서 신발을 샀다. 신발을 구매한지 얼마 지나지 않아 어머니의 병세가 악화되어 결국 세상을 떠났다. 장례식이 끝나고 뒷정리를 하느라 분주한 그녀에게 이메일이 한통 왔다. 자포스에서 발송한 신발의 구매확인을 요청하는 메일이었다. 어머니를 여읜 상실감에 빠져있던 그녀는 받은 메일에 답장을 했다.

"아픈 어머니를 위해 샀던 구두였는데 어머니가 돌아가셨습니다. 장례를 치르느라 정신이 없다 보니 반품할 기회를 놓쳤어요. 반품기간을 연기할 수 없을까요?" "물론이죠. 걱정하지 마세요." 자포스의 정책에 따르면, 반품할 경우 고객이 직접 택배비용을 부담하고 물건을 보내야 했다.

하지만 자포스는 정책을 어기면서까지 그녀의 집으로 택배 직원을 보내서 물건을 반품 받았다. 자포스의 이러한 배려에 고객은 큰 고마움을 느꼈다. 그리고 다음날 고객에게 한 다발의 꽃과 카드가 배달되었다. 카드에는 자포스의 이름으로 어머니를 잃어 슬픔에 빠진 여성을 위로하는 글이 적혀 있었다. 신발을 반품한 회사로부터 예상치 못한 꽃다발과 카드를 받은 고객은 벅차오르는 감동을 받았다.

회사의 정책과 매뉴얼이 있으면 거기에 따라야 한다. 그렇지 않으면 직원이 내부적으로 인사상 불이익을 받을 수 있다. 고객의 반품기간이 지났음에도 개인적인 특수한 사정을 인정해 줬다. 뿐만 아니라 택배비도 회사가 지불했다. 더욱 놀라운 건 꽃다발과 위로의 카드 메시지였다. 철저하게 고객 중심의 철학이 몸에 배어 있지 않고는 불가능한 행동이다.

비록 신발을 팔지 못하고 반품 받았지만, 고객의 감동으로 인해 신발 한 켤레보다 훨씬 더 가치 있는 고객의 마음을 얻었다. 또한 자포스의 콜센터에서는 고객이 만족할 때까지 통화를 하게 한다. 일반적인 콜센터의 경우에는 상담사의 인당 생산성을 체크해서 몇 분 내에 통화를 끝내라고 종용한다. 하지만 자포스의 경우에는 생산성과 같은 통화제한 시간이 없다. 오히려 상담사에게 하루에 일정 수량 이상의 통화를 못 하게 해서 고객만족에 노력한다. 자포스의 고객중심경영을 눈여겨 본 아마존의 제프 베조스는 거액을 주고 자포스를 인수했다.

노드스트롬 고객은 세일 기간이 끝난 줄도 모르고 눈여겨 둔 고급 브랜드의 바지를 사러 왔다. 고객에게 맞는 사이즈의 바지는 다 팔리고 없었다. 판매 직원은 매장에 원하는 사이즈가 없다는 것을 알고 건너편 백화점에 문의하여 고객이 원하는 바지를 정가에 사와서 세일 가격으로 판매하였다. 한 번은 중년 부인이 타이어를 들고 와서 반품 처리를 요구하였다. 직원은 타이어를 구매한 영수증이 있는지를 물어 보았다. 고객은 영수증을 갖고 있지 않았다. 직원은 얼마에 타이어를 구매하였는지 물었고, 고객에게 그 금액만큼을 환불해주었다. 영수증이 없어 환불이 어려운 상황이었지만 환불을 해주었다. 더구나 노드스트롬은 타이어를 취급하지 않았다.

세일이 끝났으면 그만이지, 고객은 세일 기간으로 알고 왔더라도 같은 가격에 물건을 팔 순 없다. 그것도 다른 백화점에서 정가를 주고 사서 세일 가격으로 판매하는 것은 이해할 수 없다. 또 취급도 하지 않는 타이어를 환불해주는 것은 상상도 하기 어렵다. 당장은 손해 볼 것 같은 행동이다. 어떻게 이런 일이 가능할까? 노드스트롬 백화점은 특이한 조직 구조를 가지고 있다. 흔히 알고 있는 피라미드 구조가 아니라 역피라미드 구조로 되어있다. 최고 위가 고객, 그 다음 종업원, 상점 관리자, 구매 담당자, 지역 관리자, 총 관리자 순으로 내려온다. 맨 아래에는 사장단, 이사회, 회장 등으로 구성되어 있다.

이런 구조를 바탕으로 판매 직원에게 많은 권한을 위임하고 있다. 배려를 하는 재량 정책으로 흔히 말하는 진상 고객에 대한 우려도 있다. 하지만 이런 서비스는 입소문을 타고 긍정적인 광고효과가 나온다. 이러한 고객감동 스토리는 바지와 타이어 값 이상의 가치가 있다. 고객에게 상상도 못할 가치를 제공한 것이다.

고객만족이란 고객이 지불한 비용과 구매한 제품이나 서비스로부터 얻은 효용과의 차이이다. 단순히 냉장고, TV, 세탁기 등을 팔아서는 안 되며 아름다움, 즐거움, 신뢰 같은 효용을 제공해야 한다. 뿐만 아니라 예견되거나 기대한 그 이상의 가치도 제공하여야 한다.

한 송이 포도를 포도알 낱개로도 팔 수 있어야 하며, 반품도 회사 비용으로 하고 위로의 꽃다발도 전달할 줄 알아야 한다. 또한 다른 매장에서 정가에 사와서 세일 가격으로도 팔 수 있어야 한다. 이러한 기대도 하지 못한 서비스를 제공할 때 고객은 엄청난 감동을 받는다. 감동을 받은 고객의 사연은 입소문으로 퍼지며 회사의 인지도는 높아진다. 고객을 위한 진심이 담긴 서비스는 감동 그 이상의 가치가 있다. 단순히 탁월한 제품만을 제공하려 하지 말고, 탁월한 가치를 제공하여야 한다.

21. 탁월한 가치를 제공하라

세일기간이 끝났는데 세일가격으로 바지를 판매한다. 그것도 재고가 없어서 다른 백화점에서 정가에 사와서 세일가격으로 판다.

또한 팔지 않은 타이어도 환불해준다. 상식으로는 납득할 수 없다. 고객은 단순히 바지를 사고, 타이어를 반품한 것이 아니다.

그 이상의 가치를 받고 감동을 받았다.

가격 이상의 가치를 제공할 때 고객은 만족을 넘어 감동을 하고 재구매의 충성고객이 된다.

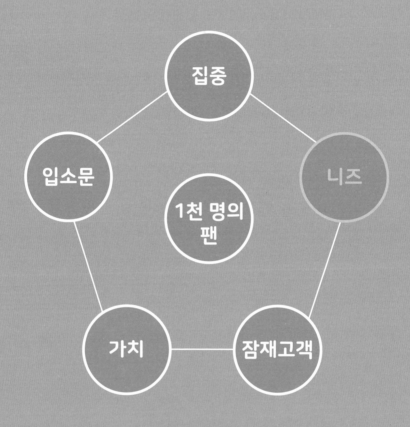

4장

잠재고객을 진정한 팬으로 만드는 8가지 비법

1. 상품에 스토리를 입혀라
2. 감사 인사를 잊지 말라
3. SNS 마케팅은 필수다
4. 목적에 맞는 이벤트를 기획하라
5. 첫 번에 무조건 반하게 만들어라
6. 99명을 버리고 1명의 팬을 잡아라
7. 고객이 스스로 홍보하게 하라
8. 고객의 의견을 적극 반영하라

- **벌과 나비의 법칙**
  남자를 쫒아 다니지 말고 따라오게 하라.
  고객을 따라 다니지 말고, 따라오게 하라.

1. 상품에 스토리를 입혀라

스토리를 어떻게 얘기하는지를 배워야 한다.
큰 회사들은 스토리텔링을 브랜딩의 핵심으로 여긴다.
– 알렉스

스토리가 비범함을 만든다

사람들은 이야기를 좋아한다. 역사책도 전해오는 이야기를 기록해서 남긴 것이다. 모든 민족은 조상의 탄생신화에서 시작한다. 우리나라는 단군신화, 주몽신화, 박혁거세신화, 김알지신화 등이 있다. 이들의 탄생에는 평범함보다는 비범함이 있다. 비범한 탄생신화가 있어서인지 이들은 하나같이 역사에서 큰일을 했다. 이들의 업적은 빛나고 지금까지도 널리 알려지고 있다. 바로 스토리가 비범함을 만든다. 역사에서는 무수한 사람들이 살았다. 그에 비해 역사책에 기록된 사람들은 비범했던 소수에 불과하다. 이처럼 비범함이 사람들의 입에 오르내리고 오래 기억된다. 매일 사용하는 생활필수품에도 제품이 탄생하기까지의 스토리가 있다면 어떨까?

영화 〈연평해전〉을 관람했다. 월드컵 열기로 뜨거웠던 2002년이었다. 나도 신나게 거리를 누비며 "대~한민국!"을 연호하던 붉은 악마중의 하나였다. 같은 시기에 젊은 청춘들이 총탄세례를 받았으면서도 알려지지 않은 게 안타깝고 속상했다. 이제라도 영화로 만들어져서 사회에 알려지니 다행이라는 생각이 들었다. 영화를 통해서나마 같이 아파하고 그때의 절박함을 같이 공유할 수 있어서 다행이었다. 영화의 내용도 내용이지만 영화를 만든 과정을 알고 보니 더 애착이 갔다.

당초 이 영화는 제작과정이 무척 힘들었다. 영화의 메가폰을 잡은 김학순 감독은 제작사 섭외가 되지 않아 고민을 하다가 직접 제작사를 만들었다. 영화 제작은 한두 푼으로 해결되는 문제가 아니다. 여기저기 스폰서 등을 의뢰했지만 쉽게 손을 내미는 곳이 없었다. 이런 상황이면 이러지도 저러지도 못한다. 7년여의 고민 끝에 일반인을 상대로 인터넷에 영화 제작 후원을 공모한다는 글을 올렸다. 글은 의외로 뜨거운 호응을 얻어 6만 여 명이 후원금을 보냈다.

이렇게 제작사나 배급사의 투자가 아니라 일반인의 관심으로 제작되었다는 게 신기하고 매력적이다. 어쩌면 탄생할 수도 없었는데 후원의 손길로 그 결실을 보게 되었다. 지금까지의 다른 영화들은 제작사나 배급사의 투자를 받고 진행됐다는 점에서 연평해전과 다르다. 일반인의 후원은 당시의 상황에 대한 공감과 그 상황을 널리 알리려는 역사의식에서 나왔다.

쌈짓돈 같은 정성으로 국민이 만들어 낸, 탄생부터 특별한 스토리가 있는 영화다. 시간이 많이 걸리고 대형 투자자의 후원이 없어서 의도했던 완성도는 떨어질 수도 있다. 하지만 투박하고 완성도가 떨어져도 국민들이 같이 참여한 작품이라는 것에 큰 매력이 있다. 이러한 이유 때문인지 연평해전은 600만 관객을 동원한 흥행몰이를 할 수 있었다. 실화를 바탕으로 해서 일반인의 후원 속에 완성된 연평해전은 영화사상 유래 없는 국민이 만든 영화로 자리매김했다. 이러한 제작과정의 스토리만 들어도 다른 영화와는 차별되는 강한 매력이 관객들을 사로잡을 수 있었다. 스크린에서 상영된다고 다 같은 영화는 아니다. 탄생하기까지의 과정과 국민들의 한푼 두푼 정성이 만들어냈다는 스토리가 사람들을 더 많이 찾게 한다.

한때 '꼬꼬면'이 없어서 못 팔정도로 인기였다. 꼬꼬면은 TV 먹방에서 출연진들이 요리 경연 대회를 하면서 탄생했다. 라면의 달인 촬영 시 맛있는 라면 경합에서 새로운 시도를 했다. 그 당시 라면 하면 고춧가루를 섞은 얼큰한 국물이 주류였다. 이에 반해 꼬꼬면은 닭고기 육수와 계란, 청양고추를 재료로 하여 새로움을 더했다. 특히 기존 라면의 인스턴트 식품하면 건강과 적대적인 이미지를 극복하였다. 닭가슴살은 건강의 상징으로 인식된다. 닭가슴살이 아니더라도 닭육수를 이용하고, 뽀얀 국물은 건강과 부정적인 이미지인 빨간 국물을 극복했다. 또한 뽀얀 국물의 느끼함을 해결하고자 칼칼한 청양고추를 사용함으로써 건강과 맛을 모두 해결했다.

힐링과 건강이 대세인 트렌드에 맞게 건강을 겨냥한 꼬꼬면은 방송에서 맛 평가단의 놀라운 반응이 출시되자마자 불티나게 팔리게 했다. 너도나도 뽀얀 국물의 칼칼함이 어떤 맛인가 하고 한번쯤 사 먹고 싶은 충동을 가졌다. 제품 자체만 보면 닭육수를 이용한 뽀얀 국물이라는 차이밖에 없다. 하지만 여기에다 건강을 중요하게 생각한 재료의 선정이 방송과 어우러져 인기가 급상승했다.

방송을 보고 꼬꼬면을 사기가 힘들다는 기사를 접하면서 "얼마나 맛있길래! 나도 한번 먹어볼까?"하는 호기심이 발동했다. 마트에 가보니 매진되고 매대는 텅 비어 있었다. 이렇게 몇날 며칠을 헛걸음질치고서야 꼬꼬면을 맛볼 수 있었다. 잔뜩 기대하고 한 젓가락 먹었을 때의 느낌은 뽀얀 국물의 시각적인 새로움과 칼칼한 맛을 낸다는 게 독특했다. 무엇보다 그렇게 소문이 난 꼬꼬면을 먹었다는 것 자체가 뿌듯하고 만족스러웠다. 그리고 건강도 함께 챙긴 기분이 들었다.

이처럼 처음 출시되었을 때는 없어서 못 팔정도로 날개 돋친 듯이 잘 팔렸다. 하지만 그 유명세도 맛을 본 고객들을 더 이상 유혹하지 못했다. 꼬꼬면 탄생의 스토리가 없었다면 어쩌면 출시되자마자 고객한테 외면 당할 수도 있었다. 하지만 스토리가 고객들의 호기심을 자극하고 소문에 의해 군중심리를 자극해 한때나마 불타나게 팔릴 수 있었다. 음식물도 그것이 상품화되기까지의 이야기가 있고, 그것이 고객의 관심을 끌기에 충분한 스토리가 있다면 그 자체로 흥행을 예감할 수 있다. 특히 이러한 탄생스토리가 방송을 타고 전파되면 짧은 시간에 세간의 관심을 끌 수 있다. 제품이 가지고 있는 고유한 기능보다는 더 위력이 있는 것이 바로 제품이 갖고 있는 탄생 스토리이다. 스토리가 있는 제품은 고객이 이용하면서 스토리에 한 번 더 공감하고 전파가 된다. 같은 제품이라면 스토리가 있어서 공감이 가는 것을 고르는 게 사람의 같은 마음이다.

남이섬 공화국 건국 신화

드라마 〈겨울연가〉의 촬영 장소로 인기가 있는 곳은 남이섬이다. 드라마 덕분에 국내 관광객은 물론, 일본관광객과 중국관광객들이 즐겨 찾는 여행코스 중의 하나가 되었다. 이곳은 한때 쓰레기와 빈병 때문에 몸살을 잃었다. 서울 근교라서 주말에 도시인이 나들이를 와서 먹고 놀고 쓰레기는 버리고 갔다. 치우는 사람 없이 방치하여 오염이 심각했었다.

그러던 중, 강우현 대표의 아이디어로 빈병들은 예술품으로 재탄생하고, 섬 전체가 스토리가 있는 관광지로 변모했다. 명칭도 남이섬 공화국으로 하여 호기심을 자극했다. 남이섬은 사람들의 쓰레기 투기로 인해 폐허가 되어 사람들의 발길이 뜸하기도 했다. 이런 폐허에 예술가의 감성을 더해 테마공원으로 조성하였다. 어디를 가나 다양하고 아기자기한 배치는 뜸했던 사람들의 발길을 돌려놓았다. 곳곳이 이야기로 조성되어 어느 곳 하나 소홀히 지나칠 수 있는 곳이 없다. 가을이면 자매결연한 서울 송파구에서 은행나무 가로수에서 떨어진 은행잎들을 가져다가 단풍길도 조성한다. 오는 사람마다 단풍에 푹 빠지는 매력도 느낄 수 있다.

단순히 환경을 정리하고 섬을 복원하는 정도에 그쳤다면 어땠을까? 그냥 여타의 섬들과 다를 바 없었을 것이다. 길 옆에 세워진 안내판에도 스토리를 담기 위한 노력이 역력히 보인다. 한 발자국 한 발자국 걸으면서 각 지점에 소개해 놓은 이야기를 음미하다보면 시간 가는 줄 모른다. 여행을 가더라도 스토리가 있는 지역은 붐비게 마련이다.

이름하여 '테마파크'라는 데가 사람들이 많이 찾고 인기가 높다. 지역이나 지점의 스토리를 들을 때 더 오래 기억이 되고 또 가고 싶다. 스토리가 있는 지역은 사람들의 입에 오르내리고 자주 찾게 된다. 스토리는 사람의 감성을 자극해서 공감을 형성하고 직접 갔다 왔다는 이유 하나만으로도, 자신도 그 스토리의 주인공인 양 뿌듯해 한다. 이게 바로 스토리가 가진 힘이다.

제품의 탄생스토리를 공개하면 고객들은 공감한다. 영화, 음식물, 여행지뿐만 아니라 모든 팔고자 하는 것에 이야기를 덧붙이면 고객들의 흥미가 유발된다. 사람은 이야기를 좋아한다. 이야기 속에서 웃고, 울며 공감을 하기 때문이다. 공감을 통해 친해지고 관계가 형성된다. 또한 공감을 할 때 마음이 열리며 지갑이 열린다. 제품을 만들 때에 굳이 거창한 스토리를 만들어 낼 필요는 없다. 제품을 기획하거나 출시할 때 각 단계에서의 이야기라도 좋다.

제품을 출시할 때 원래 기획한 제품과 전혀 다른 제품이 나왔다는 에피소드라도 고객들은 좋아한다. 내가 구매하고 사용하는 제품에 대한 탄생 비밀을 알 때에 더 애착이 가고 공감이 간다. 예수나 단군신화 같이 비범한 탄생신화일 필요는 없다. 제품탄생의 진솔한 스토리를 들려주면 고객들은 공감한다. 진솔한 스토리보다 더 비범한 스토리는 없다. 스토리에 빠진 고객은 충성고객이 된다.

22. 상품에 스토리를 입혀라

꼬꼬면은 건강이라는 컨셉으로 방송을 타면서 만들어졌다. 이러한 꼬꼬면은 탄생스토리를 활용해서 세상의 관심을 끌어들였다.

제품의 기능보다는 제품의 스토리가 더 강력하다. 호기심을 자극하고 전파도 빠르다. 비슷한 제품이라면 공감이 가는 것을 고르는 게 사람의 마음이다.

이러한 스토리가 있었기에 한때나마 불티나게 팔릴 수 있었다.

고객은 제품을 이용하면서 스토리에 한 번 더 공감한다.

2. 감사 인사를 잊지 말라

좋은 얼굴이 추천장이라면, 좋은 마음은 신용장이다.
– E. 리튼

"감사합니다." 한마디로 단골고객을 만든다

하루에 "감사합니다."란 말을 몇 번이나 하십니까? 나는 대화나 전화 그리고 문자나 메시지로 하루에 30여 번 정도 한다. 별것 아닌 것 같아도 이 말을 내가 들었을 때는 기분이 좋다. 그냥 일상적으로 하는 빈말이라도 좋은 뜻이니까 기분이 나쁠 리 없다. 이런 기분은 나뿐만이 아니라 모든 사람이 같을 것이다.

"감사합니다."란 말이 담고 있는 의미는 긍정이다. 긍정의 에너지가 이

한마디로 인해서 전달되고 또 주변으로 확산된다. 같은 내용의 대화를 하더라도 이왕이면 긍정적인 사람과 이야기하고 싶다. 이런 사람과 대화를 할 때는 마음이 편안해지고 표정이 밝아진다. "말 한마디로 천 냥 빚을 갚는다."는 속담도 이런 긍정적인 에너지에서 비롯된 것이다.

가족이나 친척 친구들에게도 늘 감사하다. 내 물건을 사주는 고객에게는 말할 필요가 없다. 고객은 내 경제적인 삶의 근거가 되는 소중한 사람이다. 매일같이 들리는 마트나 편의점에서도 항상 결제를 하고 돌아설 때 "감사합니다. 좋은 하루 되십시오." 아니면 "감사합니다. 또 오십시오."란 인사말을 듣는다. 이런 말은 일부 식상하거나 상투적인 표현일 수도 있지만 안 듣는 것보다 훨씬 낫다. 고객이 오지 않고 물건을 사지 않는다면 매장에는 재고가 쌓이고 그 위에 먼지만 쌓인다.

아무리 불티나게 팔리는 물건도 고객들이 등을 돌리면 영원할 수 없다. 불티나게 잘 팔린다고 안하무인격으로 직원을 무시하고 고객을 무시하면 한순간에 망한다. 찾아주셔서 감사하고, 구매해 줘서 감사하다는 마음뿐만 아니라 그렇게 표현도 해야 한다. 내가 자주 가는 식당에도 주인아저씨는 항상 싱글벙글 한다. 손님이 많아서 바쁘더라도, 일일이 고객의 요구사항을 다 들어주고 꼭 감사하다는 인삿말을 빼놓는 적이 없다. 반찬을 추가로 더 달라고 해도 "네, 더 드려야죠! 더 필요한 건 없으세요?" 하며 너무 마음을 편하게 해줘서 그 식당에서 식사를 하고 나면 기분까지 좋아진다.

하루 장사하고 그만둘 것이 아니면 매일 감사한 마음으로 고객에게 마음을 전해야 한다. 고객은 먼저 나서지 않는다. 나는 휴대폰 구매할 때 늘 다니는 매장을 간다. 가족이 3명이니 휴대폰 기기뿐만 아니라 악세서리, 수리 등을 상담하러 자주 간다. 원래 휴대폰을 구매할 때에 특정 매장을 정해주고 다닌 것은 아니었다. 그냥 그때그때 상황에 맞는 매장에서 구입했었다. 그러다가 우연찮게 지금 다니는 매장에 가게 되었다.

친절한 직원은 기기의 결함 여부를 체크하는 것부터 해서 세세하게 설명해주었다. 물론 케이스와 액정 보호필름은 기본이었다. 영업위주가 아닌 고객 위주의 딱 맞는 서비스를 제공했다. 수익을 많이 남기려고 비싼 휴대폰만 팔려고도 하지 않았다. 내게 맞는 상품을 소개하는데 주력했다. 이렇게 기분 좋게 매장을 나가고 몇 시간 후에 문자도 온다.

"고객님, 휴대폰 이용하시는 데 불편한 점이 있으시면 언제든지 연락 주세요. 좋은 하루 되세요. 감사합니다." 이런 문자를 받으니 기분이 좋아진다. 혹시라도 문제가 있으면 가서 문의하면 되니 든든한 후원자를 한 명 얻은 기분이었다. 그뿐만이 아니라 2~3주 간격으로 꾸준히 안부를 묻고, 내가 기존에 말했던 신상품에 대한 소개도 문자로 해준다. 지속적으로 관심을 가져 주는 것이 싫지가 않다. 며칠에 한 번씩 스팸 문자를 보내면 차단할 텐데 그 문자는 나만을 위한 것이고, 상업성이 없어 보인다. 항상 나에게 감사하다고 생각하니 기분이 좋고 그 매장을 안 갈 수가 없다.

고객들에게 감사인사만 잘 해도 재구매로 이어지고 결국에는 단골고객이 된다. 이것을 보면 영업하기 정말 쉬운데 영업사원들이 너무 실적 위주로 하다 보니 디테일을 놓쳐 많은 기회를 잃는다. "말 한 마디로 천 냥 빚을 갚는" 게 아니라 "감사합니다. 한마디로 단골고객을 만들 수 있다."는 말이 새로운 진리가 되었다.

거절한 고객에게도 감사하자

요즘은 영업하는 방식도 다양하다. 일명 TM영업이라고 한다. 나도 모르게 내 정보가 여기저기 업체에 많이 제공되어 있는 것 같다. 그래서 수시로 전화가 많이 온다. 전화가 오면 상담사들이 보험권유를 한다. 관심 없다고 하면 "네, 알겠습니다." 하고 먼저 뚝 끊는다. 먼저 전화해서 자기 할 말만 하고, 관심 없다고 거절하자 그냥 끊어버리니 황당하다.

지금은 거절하지만 다음에는 거기 보험사에 가입할 수도 있는데 아쉽다. 지금 당장 거절하더라도 "네 고객님! 그러시면 다음에 연락드릴 테니 그때 한번 이용해주세요. 좋은 하루 보내세요.", 고객이 매장을 찾아서 휙 둘러보기만 하고 나가더라도 문을 열고 나가는 고객에게 "감사합니다. 또 오세요."라고 인사를 한다.

TM영업은 회사가 고객에게 찾아간 격이다. 가만있는 고객에게 먼저 찾아가서 물건을 사라고 요구하고, 안 산다고 거절하니 인사도 없이 휙 사라지면 예의가 아니다. 고객 입장에서는 황당하기 그지없다. 나는 이런 경우에 바로 스팸번호 등록을 해 놓는다. 요즘은 스마트폰 어플에서 흔한 보험 TM을 차단해주니 이런 전화를 받을 확률은 크지 않다. 이렇게 보험TM 전화를 무조건 차단하는 것은 그동안의 보험회사의 TM 방식에 문제가 있었음을 알 수 있다. 인사말만 곱게 하더라도 다음에 구매할 수도 있다. 거절하는 고객도 언젠가는 구매하고 단골고객이 될 수 있음을 명심해야 한다.

고객 중 심한 경우에는 '진상 고객'이라고 할 정도로 강하게 민원을 제기하는 고객도 있다. 불만이나 민원을 제기하는 원인은 우리의 상품이나 서비스에 있다. 고객이 이를 사용하지 않았다면 불만이나 민원이 생길 리가 없다. 우리는 상품이나 서비스를 최고로 좋은 것으로 만들었다고 생각한다. 그러나 이러한 생각은 전적으로 공급자의 입장에서 바라보는 시각일 뿐이다. 상품이나 서비스는 공급자가 사용하는 것이 아니라, 고객이 사용하는 것이다. 고객이 사용해보고 문제나 불만을 제기하면 겸허히 받아들여 개선해야 한다. 고객 중에 적극적으로 표현하는 고객은 불만을 가진 고객의 5%도 되지 않는다. 또한 그 고객들은 본인의 불만이 해소되면 단골 고객이 될 가능성이 높다. 또 이런 고객들 덕분에 빠르게 문제점을 개선하여 이탈하려는 고객을 사전에 방지할 수 있으니 참 고마운 일이다.

불만이나 민원을 제기한 고객에게는 오히려 감사함을 표시해야 한다. 우리가 해야 할 일을 고객이 미리 확인하여 알려주니 이보다 더 고마운 일은 없다. 몸에 이상이 있지만 어떤 증세인지 몰라서 의사에게 진료를 받으러 간다. 의사는 무료로 진단해주지 않는다. 그에 따른 진찰료를 받는다. 고객으로부터 공짜로 진단을 받는데 이것은 정말 행운이다.

불만을 제기하고 민원을 제기한다고 해서 거부감을 가지고 고객을 꺼려하면 안 된다. 이러한 고객에게 더욱 더 적극적으로 다가가서 감사함을 표현해야 한다. 정말로 우리의 상품이나 서비스에 관심이 없으면, 불만이나 민원도 제기하지 않고 조용히 떠난다. 그게 더 무섭다. 따라서 불만고객에 진심으로 감사해야 한다.

고객에게 가장 좋은 방법은 직접 대면해서 진실함을 담아서 전해야 한다. 대면할 수 있는 매장이 있는 경우에는 가능하다. 고객과 전화 통화로 문자와 이메일로도 가능하다. 그 외에 상업적인 광고내용을 함께 보내면 진정성이 떨어진다. 꼭 필요하다면 광고내용의 주소를 링크를 걸어서 보내는 방법을 선택하는 게 낫다. 감사함을 전달하는데 다른 사족을 붙이면 아니 보내는 것만도 못하다. 고객에게 진정성 있는 감사함이 전달되게 해야 한다.

첫째, 우리 상품이나 서비스를 구매해줘서 감사한 마음을 전해야 한다. 많은 상품이 있지만 굳이 우리 상품을 구매해 준 것은 고마운 일이다. 고마운 마음을 전하면 재구매도 기대할 수 있다.

둘째, 거절한 고객에게도 감사해야 한다. 이번에 구매를 안 했다고 미리 선을 그을 필요는 없다. 장사 하루만 하고 말 게 아니라면 거절한 고객에게도 정중하게 감사한 마음을 전해야 한다. 거절한 고객도 언젠가는 구매를 할 수가 있다.

셋째, 불만이나 민원을 제기한 고객에게도 감사해야 한다. 우리 상품이나 서비스의 문제점을 우리가 발견하지 못하고 고객이 발견해주니 더없이 고맙다.

고객이 없이는 우리는 생존할 수 없다. 우리의 생존 근거인 고객에게 항상 감사해야 하는 것은 당연하다. 줄을 서서 구매한다고 하더라도 고객은 언제나 떠날 준비를 하고 있다. 현재의 상황에 자만하면 안 된다. 항상 고객에게 감사의 마음을 전달하여 고객이 내 안에 머물게 해야 한다. 감사함이 잠재고객을 충성고객으로 만드는 비법이다.

23. 감사 인사를 잊지 말라

하루 장사하고 그만 둘 것이 아니면 매일 감사한 마음으로 고객에게 감사함을 전해야 한다.

'감사합니다' 이 한 마디가 단골고객을 만든다. '감사합니다'를 하루에 500번 하면 인생이 바뀐다고도 한다.

'감사합니다'라는 말에는 몸과 마음에 쌓여 있는 부정적인 에너지를 긍정적인 에너지로 바꾸어 주는 힘이 있다고 한다.

항상 고객에게 감사함을 표현하여 놀라운 변화의 새로움을 맞이해야 한다.

3. SNS 마케팅은 필수다

살아가는 동안 관계의 가치는 계속해서 높아지는 반면,
물건의 가치는 계속 떨어질 것이다.
연결은 의무적으로 해야만 하는 사람들의 것이 아니라
자발적으로 하고자 하는 사람들의 것이다.
– 세스 고딘

세상의 모든 길은 SNS로 통한다

요즘 사이버 공간에서의 만남은 현실의 만남까지 이어진다. 예전만 하더라도 인터넷은 게임과 간단한 인터넷 검색, 이메일을 이용하는 정도의 기능으로만 인식됐다. 사이버 공간에서의 접속으로 인해 익명으로 알고 지내던 사람을 현실에서 만난다는 것은 꿈만 같은 얘기였다. 그리고 홈페이지도 어느 정도 규모가 있는 기업에서나 운영하는 것으로 인식됐다. 홈페이지를 운영하더라도 그것을 가지고 상업적인 활용을 한다는 것은 생각지도 못했다. 다른 회사들이 운영하니까 그저 회사 홍보 용도로만 운영되었다. 그러나 지금은 어떤가? 세상의 모든 길은 이제 온라인과 SNS로 통한다.

백화점에 갔다가 그냥 온 아내에게 "왜 맘에 드는 게 없어?"라고 했더니, "아니, 그게 아니고 백화점에 가서는 옷을 골라서 입어보고 사이즈만 확인했지." 한다. "그럼. 간 김에 사오지 않고!" "제품 모델과 색상, 사이즈만 알면 백화점 온라인 몰에서 사는 게 훨씬 싸!" 그러면서 인터넷에서 옷을 구매했다. 온라인은 매장이 없으므로 임대료 등의 부대비용이 발생하지 않는다. 그래서 오프라인 매장보다 더 저렴하게 구매할 수 있다. 요즘은 이처럼 온라인 거래를 많이 한다. 온라인 매출 비중이 점점 늘어나고, 오프라인 매출 비중은 점점 줄어들고 있다. 따라서 매출의 승부처는 온라인에 중심을 둬야 한다.

아내처럼 오프라인 매장은 사고 싶은 물건을 직접 눈으로 확인하는 곳으로 활용하고, 정작 구매는 온라인에서 하는 사람들이 늘어나고 있다. 롯데백화점은 이렇게 고객의 트렌드가 변화된 것을 반영해서 온·오프라인 매장을 호환하여 이용할 수 있는 '옴니 채널'을 운영하고 있다. 온라인 몰만 운영하면 컴퓨터 화면에 나오는 상품의 색상이나 정보로는 정확히 캐치가 되지 않는다. 그래서 답답한 고객은 다른 온라인 몰로 이동하거나 아니면 오프라인 매장으로 가게 된다. 반대로 오프라인 매장은 직접 눈으로 보고 만져서 촉감을 느낄 수 있다. 다만 매장 임대료 등에 대한 비용 때문에 임대료에 대한 부분이 상품가격에 반영된다. 그래서 온라인보다 오프라인이 가격이 비쌀 수밖에 없는 구조다. 온라인과 오프라인을 결합하면 고객은 오프라인 매장에 가서 직접 눈으로 확인하고, 구매는 상대적으로 저렴한 온라인에서 한다. 이렇게 온,오프 라인 두 채널을 병행해서 운영할 때에 고객을 외부로 이탈시키지 않고 옴니채널망 내에 고객을 머물게 할 수 있다.

한때는 대한민국 최대의 상권은 명동이었다. 그래서 대한민국에서 땅값이 제일 비싼 곳이 항상 명동일대가 휩쓸었다. 최대의 상권이라는 말은 사람들이 그만큼 많이 몰린다는 뜻이다. 사람이 몰리면 자연스럽게 거래가 발생한다. 거래가 발생하고 성행하게 되면 상권이라는 것이 형성된다. 상권이 형성되면 서로가 자기의 물건을 팔기 위해서 경쟁을 한다. 이러한 경쟁이 바로 마케팅이 시작이다. 마케팅의 방법으로는 가격할인, 끼워팔기, 회원제, 포인트 적립제 등 다양하다.

이제는 상권에 획기적인 변화가 왔다. 보이는 것이 전부가 아닌 시대가 왔다. 지금은 대한민국 최대의 상권은 '네이버'라고 해도 손색이 없다. 인터넷을 하는 대한민국 사람이라면 하루에 한두 번 이상은 네이버에 방문한다. 이렇게 사람들이 와글와글 몰리니 최대의 상권이 될 수밖에 없다. 네이버도 처음에는 단순히 검색사이트로 시작했다. 상업적인 것은 시도도 하지 못했다. 지금은 대한민국의 모든 인터넷 홈페이지, 쇼핑몰, 뉴스 등 연결이 안 된 곳이 없다. 이렇게 사람이 몰리면 자연스럽게 상권이 형성된다. 이제 이 상권에서 누가 더 경쟁적으로 마케팅을 하여 손님을 모셔 가느냐만 남아있다.

네이버에서 결국 손님을 모셔가기 위해서는 첫 화면에 자기가 팔고자 하는 것이 '노출'이 잘 되게 해야 한다. 이 노출은 고객의 관심을 끌게 하고 노출된 곳으로 인입이 되어 매출이 일어나게 하는 구조다. 이렇게 노출이 잘 되게 하는 것은 그냥 되는 것이 아니다. 검색광고를 이용해야 한다. 이 검색광고를 하는 게 바로 마케팅이다. 마케팅을 통하여 고객을 내 홈페이지나 카페에 들어오게 하는 것이다.

SNS는 현수막 역할을 한다

홈페이지와 카페는 오프라인 매장에서의 매장이나 점포와 같다고 보면 된다. 이에 반해 우리 매장이나 점포로 고객을 호객하는 현수막이나 광고를 SNS로 보면 된다. 그런 현수막의 종류에는 블로그, 유튜브, 인스타그램, 페이스북, 트위터, 카카오스토리 등이 있다. 현수막 역할을 하는 SNS에는 많은 내용을 실을 수가 없다. 시간이 지나면 묻히기 때문에 그때그때 이벤트를 할 때나 정기적으로 마케팅을 해야 한다. 이러한 SNS는 친구나 이웃을 많이 확보해서 커뮤니티를 형성해야 한다. 서로 친구나 이웃이 되어 관계를 형성하면 그 관계 형성의 범위 내에서 마케팅을 할 수 있다. 이 커뮤니티 관계는 상호간의 친분이 형성되어 있기 때문에 상대방의 마케팅 요구에 반응도는 높다. 일명 동호회 관계와 유사한 개념으로 이해하면 된다.

이러한 SNS에서 호객행위를 통해서 SNS에 링크된 주소창을 타고 내 홈페이지나 카페로 인입시킨다. 이런 구조로 온라인과 SNS마케팅은 가능하다. 이러한 마케팅의 장점이라면 지역적인 경계나 한계가 없다. 대한민국은 물론 전 세계적으로 망이 구축되므로 충분히 국제적인 마케팅도 가능하다. 요즘은 해외 직구가 가능하게끔 인프라가 구축되어 있다. 또한 반대로 역직구도 가능해졌다. 이렇듯 넓은 시장에 대한 장점은 반대로 단점으로도 작용한다. 우리가 경쟁력을 갖추지 못한 상태라면 국내의 고객들도 해외의 경쟁력 있는 업체에 빼앗길 수 있기 때문이다.

용인에 있는 한국민속촌은 사극 드라마나 영화 촬영지로만 여겨졌다. 그러나 지금은 젊은이들의 데이트 장소로 손꼽힌다. 한국민속촌에는 어떤 일이 있었던 것일까? 젊은이들이 많이 이용하는 SNS플랫폼을 구축하고 SNS운영자와 스텝들을 캐릭터화했다. 기존에는 박물관 구경하듯 했다면 지금은 블로그, 페이스북, 유튜브, 인스타그램으로 재미있는 콘텐츠를 만들어 많은 젊은이들의 사랑을 받고 있다. 한국민속촌 상거지, 한국민속촌 구미호 등으로 스텝들의 재미있는 별명으로 재미와 참여를 유도하고 있다.

특정 포탈이나 대형 인터넷 쇼핑몰을 제외하면 국제적으로 활성화된 곳은 드물다. 그러므로 개인이 카페나 홈페이지를 운영하는 경우에는 국내시장에서의 경쟁력만 확보하면 충분히 가능성이 있다. 인터넷 홈페이지나 카페를 각종 SNS와 연계시킬 때 주의할 것은 일관성 있게 노출해야 한다는 것이다. 누가 보더라도 동일한 내용과 주제라는 느낌이 들게 해야 한다. 그렇지 않고 홈페이지, 블로그, 페이스북, 인스타그램 등 채널마다 각기 따로따로라는 느낌이 들면 재점검하여 일관성을 유지해야 한다.

요즘 고객들은 컴퓨터보다 주로 스마트폰을 이용한다. 하루 24시간 중 잠자는 시간 빼고는 스마트폰을 끼고 산다고 해도 틀린 말이 아니다. 이는 피할 수 없는 대세이다. 트렌드를 거슬러 가는 것은 마케팅 현장에서는 독이 될 수 있다. 트렌드에 맞게 스마트폰을 중심으로 운영되게 해야 한다. 컨텐츠나 이벤트 등이 노출되는 방식은 먼저 스마트폰에 맞춰야 한다. PC버전은 이제는 뒤처지는 느낌이 있으니, 우열을 가린다면 스마트폰에 올인하는 게 낫다. 상권으로 말한다면 PC보다는 스마트폰이 지금도 그렇고 앞으로도 최대의 역할을 할 것이다. 당연히 PC버전과 스마트폰 버전을 일관성 있게 만드는 작업을 해야 한다. 그래야만 마케팅에 들이는 노력도 한 번으로 끝낼 수 있다. 가성비 면에서 훨씬 효율적이라고 할 수 있다.

온라인 마케팅과 SNS마케팅으로 충성고객을 잡아라. 절대로 고객은 내가 가만히 있는데 그냥 찾아오지 않는다. 설사 그냥 찾아왔다고 하더라도 적극적으로 상품에 대한 설명과 관심을 가지지 않으면 발길을 돌린다. 찾아오지 않는 고객을 찾아오게 하고, 찾아온 고객이 반드시 물건을 사게 하기 위해서 마케팅을 해야 한다. 마케팅은 독점기업이 아니고서는 필수적으로 해야 한다. 내가 물건을 만들어 놨으니 알아서 사겠지 하면 큰 오산이다. 무조건 알려야 한다. 트렌드가 인터넷과 SNS로 변하고 있으니 거기에 맞는 준비를 해야 한다. 그렇다고 오프라인 매장을 무시하라는 얘기는 아니다. 여유가 된다면 둘 다 운영하면서 옴니채널 방식으로 병행하는 방법이 최고이다. 하지만 그렇게 하기에는 비용적인 면과 역량에 있어서 한계가 있을 수 있다. 즉, 가성비를 고려해야 한다. 우선순위를 정한다면 온라인과 SNS로 먼저 승부를 걸기를 권한다. 이처럼 온라인 마케팅과 SNS마케팅은 이제 필수의 시대가 되었다.

24. SNS 마케팅은 필수다

세상의 모든 길은 SNS로 통한다. 대부분의 사람들은 하루에도 수 십 차례 SNS를 통해서 서로 연결되고 소통을 한다.

SNS는 플랫폼이다. 마치 서울역 대합실과도 같이 사람들이 와글와글 모이는 곳이다. 사람이 모이면 거래를 하기 마련이다. SNS에서의 거래는 보다 자연스럽고 쉽게 일어난다.

친구와 이웃관계로 맺어진 사이라면 벌써 마케팅은 시작된 것이다.

모든 길이 통했던 로마의 길은 잊고, 이제는 새로운 세상의 길 SNS에 집중해야 한다.

4. 목적에 맞는 이벤트를 기획하라

가고자 하는 길을 택하는 자만이 그 길이 이르는 곳을 택하게 된다.
수단이야말로 목적을 결정한다.
– 헨리 에머슨 파즈딕

돌발적인 효과는 이벤트를 노려라

"남이 장에 간다고 하니 거름 지고 나선다."는 속담이 있다. 무조건 남이 한다고 따라 하는 사람을 보고 하는 얘기다. 요즘 개업한 음식점을 보면 춤추는 풍선과 도우미들의 요란한 호객행위가 주위를 들썩이게 한다. 마치 신고식이라도 하는 것 같다. 이벤트가 끝나고 다음날 그 식당 주변을 지날 때는 조용하다 못해 을씨년스럽다. 이러한 너무나 획일적이고 식상한 이벤트가 얼마나 효과가 있을까 하는 의문이 든다. 이벤트를 하기 전에 정확히 왜 이벤트를 하고, 이벤트를 해서 어떤 결과를 얻어낼 것인가 하는 목적이 있어야 한다. 그래야 목적에 맞는 이벤트를 해서 효과를 얻을 수 있다.

이벤트란 마케팅에서는 갑작스런 행사를 해서 관심을 유발시킨다는 의미로 쓰인다. 즉, 일상에 변화를 주어서 관심을 집중시키고 목적을 달성하는 것이다. 이벤트는 창업이벤트, 기념일 이벤트, 마케팅 이벤트, 고객참여 이벤트, 일회성 이벤트, 정기적 이벤트 등 종류도 다양하다. 각 종류에, 정확히 말하자면 목적에 맞는 이벤트를 해야 한다. 요즘은 흔하고 흔한 게 상품과 서비스이다. 옆집이 아니고 우리 가게로 고객을 끌어들이기 위해서는 고객의 관심을 사야 한다.

내가 볼 때 우리 가게는 특별하고 소중하지만, 고객이 볼 때는 무수히 많은 가게들 가운데 하나에 불과하다. 내가 나를 알아주는 것은 쉽지만, 남이 나를 알아주는 것에는 분명 한계가 있다. 남들은 나를 일부러 찾아가면서 알려고 하지 않는다. 대체로 고객들은 알아서 다 해주는 그런 곳을 원한다. '우리 집은 맛집이니 찾아오겠지?' 이렇게 생각하면 오산이다. 소문난 맛집도 고객이 찾아오게 하기 위해 밤낮으로 노력한다. 호수위에 한가로이 떠 있는 백조도 물 아래서 발길질을 쉼 없이 하고 있는 것과 같다. 줄을 서서 늘어선 고객들만이 전부가 아니다. 그렇게 줄을 서게 하기 위해서는 피나는 노력이 필요하다. 그러기 때문에 내가 나를 알려야 한다. 나를 알려서 존재감을 드러내고 그 관심을 매출로 연결시키는 게 바로 이벤트다.

창업 이벤트는 시장 진입에 대한 신고식과도 같다. 고객의 관심을 단숨에 끌어낸다는 점에서 기업 이미지를 높이고 고객에게 보상을 하는 최고의 수단이다. 창업 이벤트는 점포위치 및 판매 상품을 알리는 알림 광고 방식으로 해야 한다. 새롭게 사업을 시작하므로 존재감을 알리는 것이 중요하다. 음식점 개업은 춤추는 풍선과 도우미의 진행을 활용하면 주변에 홍보효과는 확실하다. 이뿐만 아니라 SNS를 통해서도 범위를 확장 할 수 있다. 블로그나 인스타그램의 이웃이나 친구들에게 노출시켜 창업에 대한 정보를 제공한다.

창업 이벤트는 매출보다는 사업을 한다는 내용을 알리는 것이 중요하다. 이벤트 예산 규모에 따라 TV나 언론을 이용하는 방법도 있다. 창업 시부터 연간 이벤트 계획 및 납품/협력업체의 도움을 받는 것도 좋다. 치킨마루의 한 체인점은 오픈하면서 가격할인 및 무료음료 제공 이벤트를 진행했다. 처음에는 손해 보지 않을까 우려도 했다. 그러나 몇 주가 지나자 매출이 450% 가량 늘었고, 주문량도 39% 늘었다고 한다. 이처럼 창업이벤트도 나만의 독특한 이벤트를 통해서 수익을 창출할 수 있다.

기념일 이벤트는 창업 1주년, 어버이날 특별할인, 여름 맞이 쿨 할인 행사 등 정기적으로 고객을 모아서 매출을 일으키는 이벤트이다. 기념일 이벤트는 주로 기존고객을 대상으로 사은행사의 형식으로 진행하는 것이 좋다. 기념일을 기존고객만을 모시고 함께 한다는 이미지를 제공함으로써 결속력을 높일 수 있다. 특정 기념일에 일부 고객만을 모시고 이벤트를 할 때 초대받은 고객은 감동을 받고 더욱 충성도가 높아진다.

코카콜라는 아르헨티나 '우정의 날' 기념 이벤트를 했다. 혼자서는 동전을 넣기 힘든 자판기를 설치한다. 이 자판기는 동전투입구가 높아서 여러 명이 함께 힘을 모아야 작동이 가능하다. 여러 명이 힘을 모아 작동시켰더니, 콜라 1개의 가격으로 2개의 콜라가 나왔다. 이벤트는 재미와 함께 우정의 날의 취지에도 부합하고 많은 사람의 관심을 끌게 했다. 이벤트를 하는 동안 이전 판매에 비해 1,075%의 매출이 증가했다. 이렇게 간단한 아이디어로 고객의 즐거움과 관심을 끌 수 있다. 뿐만 아니라 그 관심이 매출로 이어지게 할 수 있으니 효과는 기대 이상이다.

이벤트는 재미있게 하라

마케팅성 이벤트는 필요에 따라 수시로 할 수 있다. 매출이 저조하거나 주변의 다른 업소의 입점이나 경쟁을 할 때에 일회성으로 매출을 높이거나 고객들의 이탈을 막기 위해서 한다. 이 이벤트는 화제성이 있는 행사를 통해서 상품을 직, 간접적으로 선전하고, 기업의 홍보 효과를 높이는 판촉행사의 하나이다. 가장 흔한 방식의 이벤트라고 할 수 있다. 상업성을 목적으로 하므로 치밀하게 계획을 하고 준비를 해야 한다. 마케팅성 이벤트를 통해서 회사가 점프해 성장할 수 있다.

체인음식점 그램그램은 경품이벤트를 진행했다. 태블릿에 전화번호만 입력하면 응모가 되게 했다. 경품과 쿠폰을 제공하여 참여도를 높였다. 응모한 고객 중 많은 회원이 카카오톡 친구를 맺어 지속인 관계를 유지하고 있다. 또한 경품이나 쿠폰에 당첨되고도 받으러 오지 않는 고객에 대해서는 문자를 보내어 리마인드해줬다. 그랬더니 매출도 20% 이상 올랐다. 이벤트에 참여하여 받은 경품이나 쿠폰을 사용하게 하는 리마인드 이벤트도 주효함을 알 수 있다. 고객에게 먼저 다가가야 한다는 것을 잘 보여준다.

고객참여를 목적으로 하는 이벤트는 목표 고객들에게 메시지를 전달하기 위해 기획하는 행사이다. 매출보다는 즐거움과 고객참여를 통해 기업에 대한 관심도를 높이기 위한 목적에서 한다. 오래된 브랜드나 인지도가 약할 경우에 하면 그 효과가 크다.

빙그레는 1974년부터 출시된 장수 브랜드 '바나나맛 우유'를 젊은 층에게 알리기 위해 아이디어를 냈다. 바나나맛 우유에 'ㅏ ㅏ ㅏ맛 우유'라는 문구를 새겨 넣었다. 고객들이 'ㅏㅏㅏ맛 우유'에 이름을 채우고 인증샷을 찍어 SNS에 올리게 했다. 이벤트 진행 10일 만에 2천 명이 참여했다. 전년 동기 대비 매출도 22%나 상승했다. 고객들의 호기심을 유발해서 거기에 각자의 개성을 살려 재미있는 문구를 채우게 하는 참여형 이벤트는 큰 반응을 얻을 수 있다.

그 외에 1회성 이벤트와 정기적인 이벤트가 있다. 1회성 이벤트는 자칫하다가는 해프닝으로 끝날 수 있다. 고객들에게 반복적으로 이벤트가 벌어진다는 느낌을 들게 해야 한다. 정기적인 이벤트는 방문 동기를 자극한다. 정기 이벤트를 할 때에는 같은 내용을 반복적으로 하지 말고, 매번 새롭고 다양한 것을 준비해야 한다. 늘 신선한 이벤트를 준비해야 고객들의 관심을 높일 수 있다. 이벤트 종류는 다양하지만 고객을 확보한다는 목표는 동일하다. 각자의 상황에 맞는 이벤트를 하는 것이 무엇보다 중요하다.

목적에 맞는 이벤트를 기획해야 한다. 몸에 맞지 않아 어울리지 않는 옷을 입으면 본인도 어색하지만 보는 사람도 불편하다. 자기만의 스타일에 맞는 옷을 입어야 맵시가 있고 돋보인다. 이벤트를 할 때에도 이벤트를 하고자 하는 목적에 맞게 해야 한다. 이벤트 종류를 결정하고, 타깃 고객층을 선정한다. 또한 이벤트는 말 그대로 돌발적인 캠페인이다. 관심을 일으켜 이벤트를 잘 활용하면 TV광고나 가격할인 등의 값비싼 비용의 마케팅 행사보다 훨씬 효과가 크다.

이벤트는 돈으로 하는 게 아니라, 아이디어와 번뜩이는 재치로 하는 것이다. 고객의 관심을 끌어당겨 매출로 이어지게 하는 게 목적이다. 관심은 항상 새로운 곳에서 발생한다. 늘 있어 왔던 신선한 이벤트를 준비하여 고객들의 관심을 높여야 한다. 이벤트는 홍보가 뒷받침될 때 효과가 크다. 점포 앞이나 홈페이지만 게재하지 말고, SNS, TV, 언론 등을 최대한 활용해야 한다. 임팩트를 줄 때에 확실하게 해서 이벤트를 부각시켜야 한다. 목적에 맞는 이벤트를 기획해야 고객이 만족하고 그에 따른 매출의 증가도 가져올 수 있다.

25. 목적에 맞는 이벤트를 기획하라

남이 장에 간다고 거름지고 나설 수는 없다. 내가 하는 일에 대해서 정확한 목적을 가지고 해야 한다.

이벤트를 할 때도 목적에 맞게 해야 한다. 자칫 하다가 시간과 돈만 낭비하고 오히려 역효과를 낼 수가 있다. 이벤트는 먼저 재미있어야 한다. 고객들은 먼저 재미가 있어야 흥미를 가지고 관심을 가지게 된다.

재미가 있으면 절반은 성공했다.

여기에다 고객에게 유익한 것을 담아라.

그러면 성공적인 이벤트가 된다.

5. 첫 번에 무조건 반하게 만들어라

확고하게 만족한 고객들은
다른 회사의 좋은 점을 좀처럼 인정하려 하지 않는다.
— 브라이언 트레이시

애인에게 프로포즈하듯 준비하라

수컷 공작의 날갯짓은 정말로 화려하다. 마치 전통무용에서 부채를 펼치듯이 쫙 펼쳐지는 모습은 탄성이 절로 나올 정도다. 수컷이 날개 짓을 하는 데에는 다 이유가 있다. 바로 암컷 공작에게 구애를 하기 위해서이다. 수컷의 날갯짓이 맘에 들면 암컷은 수컷을 받아들인다. 수컷이 날갯짓을 화려하게 하는 것은 모든 선택권이 암컷에게 있기 때문이다. 자신의 날갯짓이 마음에 들게 해서 암컷을 반하게 해야 한다. 아무리 화려하더라도 암컷이 반하지 않으면 그 날갯짓은 헛고생일 뿐이다. 우리가 물건을 파는 것도 고객에 대한 구애 작전이다. 우리 물건이 고객의 마음에 들게 해서, 고객을 반하게 해야 한다. 고객이 반해야 물건을 산다. 고객을 반하게 하려면 수컷 공작과 같이 화려한 날갯짓을 해야 한다. 우리 물건을 공작의 날갯짓처럼 매력적이고 화려하게 만들어야 한다. 그렇게 하지 않으면 선택을 받을 수 없고 판매할 수도 없다.

고객을 반하게 하기 위해서는 첫인상이 중요하다. 매장을 찾아오는 고객은 구매할 의향이 있다. 일단 방문한 고객에게는 불만족스러운 부분만 없으면 구매로 연결할 수 있다. 어느 여름날, 점심시간에 식당에 갔다. 주인아저씨가 런닝 차림으로 한 손에는 파리채를 들고 인사를 했다. "어서 오세요. 파리가 왜 이리 많은지 모르겠네요." 테이블에 앉으면서도 찝찝한 생각이 들었다. 메뉴판을 보고 주문을 하려는데 함께 온 동료도 도저히 아니라는 표정을 했다.

"사장님, 혹시 여기 생선구이 되나요?"

주인아저씨가 나를 멍하니 보더니 안 된다고 했고 우리는 도망치듯 가게를 나왔다. 찌개 전문점이라는 것을 이미 알고 들어갔던 것이다. 이처럼 첫인상이 안 좋으면 상품 자체에 대해서 관심이 떨어진다. 고객이 매장을 들어설 때 사고픈 욕망이 들게끔 인테리어를 갖춰야 한다. 조명도 밝게 하고, 영업사원은 헤어스타일, 화장, 악세서리, 옷 색깔 등등도 잘 어울리는지 신경을 써야 한다. 애인에게 프로포즈를 하듯 준비를 해야 한다. 또한 영업사원은 팔고자 하는 상품을 잘 알아야 한다. 직접 사용해 보고 그 가치를 파악하여 당당하고 확신 있게 설명해야 한다. 그러면 고객은 영업사원의 설명에 매료되어 상품에 관심을 가지게 된다. 대부분 현실에서는 이렇게 하지 못한다. 고급 레스토랑의 종업원은 그 레스토랑의 요리를 거의 먹어 보지 못한다. 고급 화장품 매장 직원도 그 화장품을 구매하지 않고, 저렴한 다른 회사의 제품을 쓴다. 이렇게 되면 고객에게 제대로 된 설명을 하기가 어렵다. 그냥 매뉴얼대로 달달 외워서 설명해 주는 앵무새 역할을 할 뿐이다.

카드회사 VIP 무료이용서비스라면, VIP고객을 상대로 하는 직원들만 이라도 경험을 할 수 있게 해야 한다. 이런 현상은 다른 회사들도 마찬가지이다. 서비스에 대한 충분한 설명이 없으니 고객의 관심도가 떨어진다. 구매로 이끌기 위한 끌림의 반함이 있을 수 없다.

더 중요한 것은 우리 직원도 기꺼이 사용할 만큼 가치 있는 상품을 만들어야 한다. 직원들도 직접 사용해보고 우리 상품이 고객에게 내놓아도 손색이 없고 우수하다는 자부심을 느껴야 한다. 단순히 물건을 판다는 느낌이 들게 하면 안 된다. 물건을 파는 것이 아니라 고객을 위해서 권유한다는 느낌이 들게 해야 한다. 그렇게 해야 고객에게 판매를 권유할 수 있고, 고객 역시 반하게 되어 구매를 한다.

반품도 밝은 표정으로 감사히 해주라

점포매장이 아닌 온라인 거래는 회사의 홈페이지에 접속해서 구매한다. 첫 화면을 열었을 때 깔끔하고 한눈에 봐도 어떤 회사인지 알 수 있게 해야 한다. 화면 색상은 밝고 화사하게 해서 좋은 이미지를 가지게 해야 한다. 상품배치는 항목별로 정렬해야 보기가 편하다. 검색 기능도 고객이 원하는 것을 쉽게 찾도록 해야 한다.

이렇게 하면 고객이 신뢰를 하고 구매에 대한 의욕을 가지게 된다. 인터넷으로 물건을 사기 위해 검색을 해서 홈페이지에 접속했다. 첫 화면에 들어가자마자 팝업이 연속적으로 떠서 정신이 없었다. 이벤트, 할인 행사 등을 상품별로 즐비하게 해놓고 정신이 없을 정도로 팝업을 띄웠다. 처음에 한두 개는 읽어 보았다. 내용이 비슷했다. 차라리 안 했으면 나았을 것을, 팝업을 과도하게 하니 불쾌감까지 들 정도다.

마치 어느 집을 방문하는데 출입문을 열자 현관에 신발이 즐비하게 놓여 있고, 입구에 옷이며 짐들이 박스채로 널브러져 있는 것과 같다. 그런 집에 가게 되면 빨리 나오고 싶은 생각만 들 뿐이다. 복잡하고 정신 사나

운 홈페이지를 들어갔을 때 빨리 닫고 나오는 이유도 같다. 홈페이지 하나만 관리를 잘해도 매출이 껑충 뛰어 오를 수 있다. 홈페이지는 회사의 얼굴이다. 팝업을 정신없이 띄워서 물건을 팔려고만 하면 안 된다. 억지로 물건을 판매하려 하면 고객이 먼저 알아보고 외면한다. 팔려고 하지 말고 고객을 반하게 해야 한다. 고객이 반하면 물건을 사는 것은 시간문제다.

매장 분위기와 직원의 매너가 좋더라도 고객이 둘러보고 그냥 나갈 수도 있다. 고객 입장에서는 선택의 고민이 되기도 하고 물건이 마음에 들지 않을 수도 있다. 무조건 팔려는 욕심으로 무리하게 강요하다 보면 오히려 부작용을 초래한다. 그럴 때는 다른 매장도 둘러보고 비교해보고 다시 한 번 들르라고 해주는 게 낫다. 이런 표현이 오히려 내 상품에 대한 자신감으로 비춰지기 때문에 나중에 다시 들릴 확률이 높다.

백화점에서 옷을 살 때 한 매장에서 바로 사지 않는다. 몇 군데 둘러보고 찜해 놓은 것을 다시 와서 산다. 그럴 때 매장 직원은 "천천히 다른 데도 둘러보고 오세요. 우리같이 품질 좋고 가격도 맞는 데는 없을 겁니다." 이렇게 얘기한다. 그 직원 말대로 다 둘러보고 결국은 다시 돌아와서 사게 된다. 여유 있게 기다릴 줄 아는 자세가 고객들을 반하게 하는 능력이다.

구매한 물건을 반품하는 경우가 있다. 예전에는 반품이란 거의 상상도 못하는 일이었다. 한번 사가면 잘못 샀다거나 맘에 들지 않아도 그냥 대충 맞춰서 써야 했다. 요즘은 온라인 및 홈쇼핑 거래가 일상화되어 직접 물건을 보지 않고 구매를 한다. 그래서 실제로 배달되어 왔을 때 기대했던 것과 다를 수 있다.

고객들의 편의를 위해서 법에서도 반품 등을 보장해주고 있다. 물건을 샀다가 매장에 가서 반품을 할 때에는 으레 미안한 마음을 가지고 간다. 밝은 표정으로 반품을 접수하고 괜찮다며 말해주면 그렇게 고마울 수가 없다. 그러면 미안하고 고마운 마음에서라도 다음에 물건을 살 일이 있으면 꼭 그 매장에 간다. 반품하는 순간의 고객까지도 편하게 해주는, 그런 배려하는 마음이 나를 반하게 한 것이다.

주의할 것은 한번 온 고객의 마음을 잡으려고 기존 고객에게 소홀하면 안 된다는 것이다. 기존 고객에게는 해주지 않은 할인이나 서비스를 한번 지나다 들린 고객에게 물건 하나 팔아보겠다고 해주면 안 된다. 한번 온 고객에게 특별대우를 해준 사실을 기존 고객이 안다면 등을 돌리고 떠나버릴 것이다. 마치 "굴러 들어온 돌이 박힌 돌 빼낸다."는 속담이 있듯이 말이다. 매장의 지속적인 수익은 기존 고객이 보장해 준다. 그러기 때문에 기존 고객에게도 동일한 대우를 해줘야 한다.

한 번 방문한 고객을 무조건 반하게 하라. 찾아온 고객은 물건을 구매하고자 하는 의사가 있다. 그래서 특별히 불만스런 요소만 없으면 구매로 연결할 수 있다. 첫인상을 좋게 해서 만족스런 분위기를 만들어야 한다. 상품에 대한 경험을 바탕으로 충분한 정보를 자신 있게 알려줘야 한다. 팔려는 목적이 아니라 고객에게 꼭 필요하며 고객을 위한 상품이라는 느낌이 들게 해야 한다.

홈페이지의 경우도 마찬가지이다. 불필요한 팝업은 줄이고, 깔끔하고 단정하게 해서 첫 화면에서 신뢰감을 줘야 한다. 구매를 하지 않고 나가더라도 다른 곳을 둘러보고 언제든지 다시 오라고 자신있게 말할 줄 알아야 한다. 특히 반품을 하더라도 친절하게 처리해서 다른 상품을 살 수 있는 마음이 생기게 해야 한다. 고객의 마음을 반하게 만들어 구매를 하게 해야 한다. 서비스에 반한 고객은 충성고객이 된다.

26. 첫 번에 무조건 반하게 만들어라

한번 온 고객을 반하게 하기 위해서는 수컷 공작의 화려한 날개짓처럼 많은 노력을 해야 한다.

정말 머리끝에서 발끝까지 어느 것 하나 소홀히 할 수 없다. 고객에게 물건을 추천하더라도 팔려는 목적이 아니라, 고객에게 꼭 필요하고 고객을 위한 상품이라는 느낌이 들게 해야 한다.

고객을 위한다는 것을 알고 성심성의껏 소개하고 설명할 때 반하고, 마음의 문이 열린다.

6. 99명을 버리고 1명의 팬을 잡아라

모든 이의 마음을 얻으려고 계산된 글은 그 누구의 마음도 얻지 못한다.
– 아들라이 E. 스티븐슨

많이 사는 고객에게 많은 혜택을 줘라

"일당백"이란 말이 있다. 한명이 백 명의 몫을 한다는 뜻이다. 사람마다 각자의 능력은 차이가 있다. 일을 해 봐도 다른 사람보다 몇 배나 많이 하는 사람이 있는가 하면, 그 반대로 평균치보다 한참을 밑도는 실적임에도 끙끙대는 사람도 있다. 잘하는 사람은 그 일이 적성에 맞고 거기에 가장 적합한 사람이다.

반면에 그렇지 못한 사람은 적성에도 맞지 않고 그 일에는 전혀 소질이 없는 사람이다. 각자의 적성과 소질에 맞는 일을 찾아서 하는 게 급선무다.

일을 하는 데에도 능력과 소질의 차이가 있듯이, 소비를 하는 고객들도 각양각색이다. 뭘 한번 사더라도 대량으로 사는 사람이 있는가 하면, 그 반대로 끼적끼적 아주 소량을 사는 사람도 있다. 각자의 소비 스타일이니까 누가 좋고 나쁘다고 우열을 가릴 일은 아니다. 하지만 물건을 파는 입장에서는 그래도 많이 사주는 사람이 좋을 수밖에 없다.

지금은 중국 관광객이 뜸한 편이다. 하지만 몇 년 전까지만 하더라도 명동에는 중국관광객이 거리에 넘칠 정도로 많았었다. 그 무렵 친구와 호프집에서 생맥주를 한잔 하고 있는데, 중국 관광객 두 명이 들어왔다. 마침 우리 옆자리가 비어 있어서 거기에 앉아서 주문을 했다. 우리는 음식점에서 안주를 주문하더라도 하나씩 먹은 후에 주문한다. 중국 관광객은 둘이서 4가지를 한꺼번에 주문하고 맛을 즐겼다. 맛있게 먹다가 금방 계산하고 나갔다. 음식의 절반 이상이 그대로 남겨진 채로 있었다. 아깝다는 생각이 들었다. 하지만 음식점 입장에서는 잠깐 왔다가 그렇게 많이 매출을 올려주면 고마울 수밖에 없을 것이다.

중국 관광객이라서 1회성으로 일어나는 매출이지만, 우리나라 사람이고 자주 들리면서 그 정도의 매상을 올려준다면 최고의 고객이다. 음식점을 운영하든 물건을 파는 매장을 운영하든, 가장 고마운 사람은 자주 와서 많은 매상을 올려주는 사람이다. 음식을 남기고 버려지거나 옷을 사재기로 사가서 한 번도 입지 못하는 것이 있더라도 그것은 그 다음 문제이다. 영업을 하는 것은 수익을 내기 위한 것이고, 이왕 수익을 낼 바에야 매출이 늘어나서 많은 수익을 올리는 것이 좋다. 수익을 많이 올려주는 고객이 가장 고마울 수밖에 없다.

경제학에서 '20대 80의 법칙'이 있다. 20%의 사람들이 부의 80%를 차지한다는 것이다. 부의 기준뿐만 아니라 모든 영역에서 이 법칙이 적용된다. 카드회사의 매출을 분석해보더라도 이 법칙이 들어맞는다. 20%의 고객들이 80%의 매출을 일어나게 한다. 또한 더 세밀하게 분석해보면 20% 중에서도 일부 소수고객들의 매출이 다른 고객들에 비해서 현저하게 높게 나온다. 이런 고객들은 VVIP고객이라고 하고, 별도로 특별한 혜택도 제공한다. 많은 매출을 일으켜 회사에 수익을 안겨주는 고객을 그렇지 않은 고객과 구분하여 혜택을 주는 것은 당연하다.

누구든지 내게 잘해주는 사람한테 관심이 더 가고 애착이 간다. 흔히 열 손가락 깨물어 안 아픈 손가락이 없다고 한다. 그렇지만 분명히 아픔의 차이는 있다. 즉 부모의 입장도 더 사랑하고 덜 사랑하는 자식이 분명이 있다. 단지 표현을 안 할 뿐이다. 부모 자식 간에도 이렇게 보이지 않는 차별이 있는데, 기업과 고객과의 관계는 그런 차별이 당연할 수밖에 없다. 가게나 회사를 운영하고 존재하는 이유는 수익을 내기 위함이다. 그렇지 않다면 자선사업을 해야 한다. 수익을 내기 위해 밤낮으로 고민하고 연구한다. 결국 수익을 내주는 주체는 바로 고객이다. 고객이 자주 찾아와서 많은 매출을 올려 줘야 수익으로 연결될 수 있다. 자주 와서 많이 팔아주는 고객이 제일이다.

한국의 화장품이 좋다고 소문이 나서 인기가 대단하다. 오죽 했으면 화장품의 본고장인 유럽에서도 한국 화장품이 인기를 끌고 있다고 한다. 한때 명동일대에 화장품 가게는 물량이 없어서 못 팔 정도였다. 특히나 중국 관광객들이 한번 들어와서 나가면 그 매장은 완전히 초토화된다고 한다. 거의 모든 물량을 쓸어 담아서 사 간다고 했다. 매장 입장에서는 정말로 즐거운 비명을 지를 수밖에 없다. 싹쓸이 완판을 하는 건 여간 어려운게 아니다. 마치 진공청소기처럼 가게를 싹 비워 버리는 고객들이야말로 최고의 고객이다.

이런 매장들은 중국 관광객을 우대하는 이벤트도 많이 했다. 그렇게 많이 팔아주니 다양한 이벤트를 통해서 혜택을 많이 제공하고 입소문을 통해서 지속적인 방문을 유도했다. 당연한 얘기다. 중국 관광객을 특별히 우대하는 것을 직접 경험하고 간 중국 관광객들이 SNS나 지인, 친구들에게 소개했다. 이렇게 소문을 듣고 더 많은 고객이 찾아오고 가게를 쓸어 담듯이 사 갈 수 있었다.

고객 차별화 전략을 써라

고객을 고객 특성에 맞게 구분하여 차별하는 것은 고객의 입장에서도 좋다. 매출이 많은 고객과 그렇지 않은 고객을 크게 몇 단계로 구분하여 각각의 분류된 등급별로 할인이나 서비스를 차별한다. 또한 이러한 내용을 사전에 고객에게 알려 주거나 홈페이지를 통해서 공지를 한다. 그러면 누구든지 "이번에 내가 이만큼 쓰면 다음 등급으로 올라간다."는 것을 알 수 있다. 고객들은 자기의 소비에 따른 차별화된 혜택을 받고, 더 좋은 혜택을 받기 위해서 소비의 패턴도 바꾸고 조절할 수 있다.

등급에 따른 혜택을 염두에 두고 소비를 하는 고객들이 있는가 하면 그렇지 않고 혜택만 챙기는 고객도 있다. 이런 고객들을 이름하여 '체리피커'라고 한다. 우리 회사에도 이러한 체리피커 고객들이 많이 있다. 이들의 소비성향은 할인행사나 이벤트 등이 있을 때에만 카드를 사용하고, 그 외에는 다른 회사 카드를 사용한다. 물론 이런 체리피커 고객들은 다른 카드 회사에서도 체리피커일 가능성이 높다. 그래서 요즘은 할인행사 등 이벤트를 할 때에 체리피커들에게 혜택이 가지 않도록 상품이나 서비스를 설계한다. 체리피커에게 그러한 혜택이 돌아가면 반대로 기존의 고객들이 그만큼의 혜택을 받지 못하므로 이런 상품 설계는 당연하다고 생각한다.

IMF 이후에 우리나라 기업의 변화 중에 대표적인 것이 구조조정이다. 이 말은 기업 전반을 리뉴얼하는 개념인데, 요즘은 구조조정 하면 '인원감축'으로 이해하고 있다. 그때 이후 우리나라는 평생직장이라는 말이 사라졌다. 그래서 상시 구조조정을 하고 있으므로 직장인들이 불안하게 하루하루를 생활하고 있다. 이러한 구조조정을 이제는 직원들만 대상으로 할 게 아니라 '고객을 구조조정'할 필요가 있다.

카드회사와 같이 회원제 고객인 경우에는 각 고객들의 매출 추이 등을 분석할 수 있다. 대체로 카드회원들은 한번 가입하면 지속적인 관계를 가지고 거래를 한다. 또한 일부 계층 고객들의 사용패턴을 보면 아주 저조한 경우가 많다. 또한 몇 년간의 사용 내역도 거의 동일하여 매출이 늘어나거나 하는 패턴이 없다. 어느 정도 매출이 있어야 회사의 입장에서도 수익이 난다.

고객별 손익분기점을 파악하여 다년간의 사용실적에 큰 변화가 없고, 이들 고객들의 매출에 따른 수익 대비 투입된 마케팅 등의 비용 대비 적자일 경우에는 구조조정을 해볼 필요가 있다. 물론 쉬운 일은 아니다. 먼저 이들 고객에 대해서는 서비스나 혜택을 제한적으로 시행하거나 줄이는 방법이 있다. 그런 다음에 유효기간이 만료되어 갱신되는 시점에 갱신발급을 제한할 수 있다.

카드회사와 고객의 거래관계는 계약에 의해 성립한다. 고객들은 언제든지 탈회할 수 있다. 그 반대로 카드회사도 고객과의 거래 계약을 거절할 수 있어야 한다. 또한 계약내용이나 약관에 이러한 내용을 담아서 계약기간유효기간 내에라도 정한 조건에 맞지 않거나 위배되는 경우에는 계약을 조기 해지 할 수 있는 내용을 가미할 수 있다. 계약자유의 원칙에 따라서 충분히 가능하다. 이렇게 고객을 구조조정해서 이들 고객에게 투입된 마케팅 등, 다양한 혜택이나 서비스를 기존 고객에게 더 많이 부여해서 충성 고객들을 챙기고 보호해 줄 수 있다. 이들 구조조정 대상 고객들은 분명 다른 회사에서 열성, 충성 고객이 될 가능성이 있으므로 그쪽에서 더 큰 혜택을 보도록 유도하는 게 낫다.

1명의 충성고객을 잡기 위해서는 99명의 뜨내기고객들은 포기할 수 있어야 한다. 충성고객은 지속적이고 반복적인 구매로 매출의 증가와 많은 수익을 안겨준다. 반대로 뜨내기고객들은 할인행사 등 이벤트가 있을 때 일시적인 구매를 하는 경우가 많다. 뜨내기고객에 대한 이벤트 비용은 오히려 역마진일 경우가 많다. 차라리 누구에게나 다 주는 혜택을 일부 충성고객에게 집중해서 제공해서, 충성고객의 더 많은 로열티를 확보하는 게 낫다. 그러므로 회원제 거래관계에서는 고객에 대한 구조조정도 할 수 있다. 단순히 뜨내기이고 체리피커인 경우에는 이들 고객으로 인해 기존 충성고객들이 피해를 볼 수 있다. 이러한 것은 회사나 충성고객 모두에게 도움이 되지 않는다. 과감한 구조조정을 통해 충성고객 및 기존 고객에게 더 많은 혜택을 줘서 충성고객을 확대시키고 이들을 우리에게 머물게 해야 한다.

27. 99명을 버리고 1명의 충성고객을 잡아라

요즘 경제의 화두는 선택과 집중이다. 모든 고객을 만족하게 할 수는 없다. 그렇게 하려면 시간과 비용 등이 만만찮게 든다.

이럴 경우에는 선택과 집중을 해서 특정 소수에게 집중하는 게 훨씬 낫다. 자주 반복적으로 많은 매출을 일으키는 단골고객에게 더 많은 혜택을 주는 것은 당연하다.

단골고객들을 더 강한 충성고객으로 만들기 위해서는, 뜨내기 고객들을 과감하게 구조조정하는 뼈아픈 노력도 할 필요가 있다.

7. 고객이 스스로 홍보하게 하라

어떠한 사람의 지식도 그 사람의 경험을 초월하는 것은 없다.

– J. 로크

재미가 있으면 스스로 퍼나르기 바쁘다

페이스북, 인스타그램, 블로그 등에 하루에 몇 번 들어갈까? 나는 매일
수시로 들어간다. 이런 SNS들은 스마트폰으로 이용할 수 있다. 그래서
언제 어디서나 손 안에서 쉽게 이용한다. 네티즌들이 올리는 사진이나
동영상들을 감상하고 공감을 표현할 수 있다. 가수 싸이도 이러한 SNS
를 통해서 월드스타가 되었다. 요즘은 SNS를 통해서 재미있는 볼거리를
제공하면서 홍보를 하는 방식이 늘어나고 있다.

이를 바이럴 마케팅이라고 한다. 바이럴 마케팅은 상품이나 광고를 본 네티즌들이 SNS를 이용하여 퍼담기 등을 통해 서로 전달하면서 자연스럽게 화제를 불러일으키는 것이다. 바이러스처럼 확산된다고 해서 바이럴 혹은 바이러스 마케팅이라고 한다. 입소문 마케팅과 비슷하지만, 입소문 마케팅은 정보 제공자를 중심으로 퍼져나가고 바이럴 마케팅은 정보를 받는 자 중심으로 퍼져 나간다는데 차이가 있다.

던킨도너츠가 낙하속도가 가장 빠른 여성 윙슈트 점퍼를 섭외하여 2,400미터 높이의 산 절벽에서 뛰어내리며 하늘에 매달린 도넛을 잡도록 하는 이벤트를 진행했다. 이 광고를 TV로도 보내고 SNS 해시태그 홍보도 같이 하여 고객들의 관심을 받았다. 이 영상은 페이스북에서만 700만 뷰를 기록했고, 매출도 상당한 효과가 있었다. 나도 이 영상을 보면서 감탄을 자아냈다. 아무나 할 수 없는 장면이기에 '좋아요'를 누르고 주변에 열심히 퍼 나르게 한다. 인간이 그렇게 윙슈트를 입고 비상하는 모습은 놀라울 수밖에 없다.

2,400미터 산 정상에 우뚝 선다는 그 자체만으로도 아찔하다. 뿐만 아니라 정상에서 점프를 하여 새처럼 날아 내리는 모습은 탄성을 자아내게 한다. 헬멧에 부착된 카메라로 점퍼의 표정을 볼 수 있었다. 빠른 속도에도 불구하고 또렷하게 눈동자를 뜨고 있는 모습은 정말 놀라웠다. 어쩜

저렇게 당당할까! 그렇게 비상하여 공중에 끈으로 매단 던킨도너츠 봉지를 낚아채는 장면은 단연 최고였다. 낙하 속도와 궤적을 정확히 파악하고 조절할 수 있어야만 가능한 일이었다. 이 점프 한 번으로 인해 네티즌들은 동영상을 보면서 자연스레 던킨도너츠에 관심을 가지게 되고, 그러한 관심이 구매로 이어져 매출이 증대했다. 이렇게 네티즌들에게 재미를 선사하며 자신을 노출시킨 던킨도너츠의 바이럴 마케팅은 성공적이었다. 이 방식은 일반 고객이 아닌 특별한 사람을 모델로 세워서 진행한 바이럴 마케팅이다.

일반 고객의 직접 경험을 바탕으로 한 바이럴 마케팅은 많은 사람들이 사랑하는 맥주 브랜드 하이네켄이 했다. 하이네켄은 맥주 한 박스를 구매하는 고객들에게 하이네켄 한정판 축구 유니폼을 나눠줬다. 이 유니폼을 입은 사진을 페이스북에 올리면 챔피언스리그 경기에 갈 수 있는 비행기 티켓, 관람권, 호텔 숙박권 등을 패키지로 주는 이벤트를 했다. 이 행사로 하이네켄은 페이스북 친구 12만 명을 늘릴 수 있었고, 매출이 30% 상승하는 효과도 볼 수 있었다. 고객들이 직접 브랜드를 즐기고 챔피언스리그에 갈 수 있는 패키지도 받는 멋진 경험을 선사한 것이다.

유럽 챔피언스리그 하면 열성 팬들이 많다. 특히 유럽에는 '훌리건'이라는 광팬들이 있다. 멀리서 온 원정팬과 홈팬간의 충돌이 잦아서 하나의 사회문제가 되기도 했다. 이렇듯 축구에서 파생된 사회문제가 있을 정도로 유럽인들의 축구에 대한 관심은 높다. 모든 사람의 관심이 높은 축구에서 하이네켄이 고객들을 상대로 축구 유니폼 이벤트를 할 때의 인기는 폭발적이었다.

페이스북 친구들을 확보하는 것은 물론, 매출도 30% 이상 오를 수 있었던 것은 당연한 일인지도 모른다. 또한 하이네켄이 챔피언스리그의 스폰서로 계약하며 챔피언스리그 하면 떠오르는 기업이 하이네켄일 정도다. 누구나 관심 있는 챔피언스리그의 티켓이 걸린 이벤트는 폭발적일 수밖에 없다. 직접 참여는 못하더라도 페이스북에 올라오는 사진을 보고 즐기며 같이 기뻐할 수 있다. 뿐만 아니라 친구의 친구를 타고 삽시간에 퍼져 나가는 것은 마치 전염병과 같은 무서운 확산력을 가졌다.

특히나 페이스북 같은 SNS는 성역이나 국경 없이 세계인이 서로 연결되어 있다. 전파력 때문에 하이네켄은 챔피언스리그와 거의 동의어 같은 이미지를 가지게 된다. 고객의 즐거운 경험으로 시작된 이벤트가 하나의 문화가 되었다. TV광고나 언론 광고를 이용해서 이 정도의 효과를 누리려면 천문학적인 비용이 들어간다. 이에 비해 페이스북을 통한 바이럴 마케팅은 비교도 할 수 없을 정도로 저렴한 비용으로 성공할 수 있었다. 고객의 경험은 가장 좋은 광고가 된다. 직접 경험함으로써 그 자체가 스토리가 되어 전파된다. 스토리는 사람을 빠져들게 한다. 이벤트를 경험한 고객마다 각자의 스토리가 있다. 이 스토리들은 마치 전령과도 같이 여기저기 세계인의 관심 속으로 파고든다.

무대를 깔아주면 알아서 퍼나른다

일상이 된 SNS를 이용하여 자신을 알릴 수 있다. 커다란 결과는 작은 시작에서 비롯된다. 크게 고민하고 생각하다 보면 아무것도 하지 못한다. 하나하나의 작은 실천이 고객의 마음속으로 연결될 때 결실을 맺는 것이다. 요즘은 스마트폰을 기반으로 개인에서 개인으로 연결된 SNS를 통해 다양한 마케팅을 할 수 있다. 그것도 거의 무일푼으로 말이다. 잠재고객들이 웃고 즐기다 보면 자연히 나의 고객이 되고 충성고객으로 변화해 간다.

바이럴 마케팅으로 충성고객을 만든 대표적인 곳은 바로 아마존이다. 아마존은 전자책 리딩기기인 '아마존 킨들'을 출시한다. 유저들의 사용 후기를 살펴보면 흑백화면으로 구성되어 있고, 독서하기에 최적화된 기능들로만 갖춰져 있다고 한다. 오랜 시간 독서를 해도 눈이 피곤하지 않고, 흑백을 구현해 배터리가 한 달 동안 지속된다고 한다. 킨들 덕분에 아마존에서는 종이책보다 전자책이 더 많이 팔릴 정도란다. 아마존은 홈페이지에 "See a Kindle in your city."라는 페이지를 마련하여 고객들이 킨들을 사용한 후의 감동을 공유하는 공간을 마련했다. 사람들은 자신이 좋아하는 물건을 가졌을 때 남들에게 자랑하고 싶어 한다. 아마존은 고객들의 이러한 마음을 간파하여 킨들을 자랑할 공간을 만들었고 공유가 활성화되었다. 이렇게 고객들끼리 만나서 소통하는 공간을 마련해주자 열성 고객들의 자랑질로 바이럴 마케팅이 활성화되고 충성고객도 늘어난다.

아마존은 인터넷에서의 도서 판매를 시작으로 성장한 회사이다. 자신들이 종이책을 판매하면서도 과감하게 e북을 읽을 수 있는 '아마존 킨들'이란 기기를 보급했다. 코닥이 필름사업의 유지와 발전을 위해서, 세상에서 제일 먼저 디지털 카메라를 발명하고도 사장시킨 것과 대비된다. 아마존 킨들은 디지털 기기로만 볼 때는 기능이 다양하지 않기 때문에 볼품없어 보일 수 있다. 하지만 독서의 관점에서 보면 최적의 기기이다. 눈의 피로도를 방지하기 위해서 흑백 화면을 구성했다. 반사되어 눈에 비치는 빛을 없애서 피로도를 낮출 수 있다. 또한 흑백으로 구성해서 한 번 충전으로 한 달 이상 사용할 수 있다.

아마존 킨들의 보급으로, 아마존은 종이책보다 e북의 판매량이 더 많다. 또한 킨들을 사용한 이용 후기 등을 남길 수 있게 홈페이지에 공간을 마련했다. 어디에서든 상품이 출시되는 브랜드에 대한 열성 팬이 있기 마련이다. 예를 들어 할리데이비슨, 아이폰, BMW, 갤럭시 등이 그러하다. 이들 사용자들은 스스로 동호회를 조직해서 사용 후기를 공유하고 전파한다. 아마존 킨들의 경우에도 열성 고객들이 올린 사용 후기 등이 활성화되었다. 같이 공유하고 공감한 고객들은 자신들의 SNS를 통해서 퍼나르는 등 활발한 바이럴 마케팅이 진행되었다. 유저들의 활발한 SNS 활동으로 아마존 킨들과 아마존 e북은 짧은 시간에 베스트셀러에 오를 수 있었다. 이 과정에서는 충성고객의 힘이 작용했다. 아마존은 이런 충성고객들이 자발적으로 활동할 수 있는 무대를 마련해 준 것이다.

고객의 경험을 바이럴 마케팅하면 그 효과는 배가 된다. 어느 브랜드나 충성고객은 있다. 충성고객들이 사용후기나 이용에 대한 스토리를 전파할 수 있는 장을 마련해 줄 경우 더욱 쉽게 전파될 수 있다. 던킨도너츠나 하이네켄처럼 의도적인 이벤트를 통해서 바이럴 마케팅을 주도할 수 있다. 그 반면 아마존 같이 고객들이 머물고 공유하면서 공감할 수 있는 무대를 마련해주는 방법도 있다. 아마존의 경우에는 이러한 바이럴 마케팅에 관여하지 않았다. 고객들이 바이럴 마케팅을 할 수 있는 환경만 조성했을 뿐이다. 직접 광고를 통한 마케팅을 하는 것은 하수들의 전략이다. 브랜드의 스토리나 후기를 통해 SNS로 고객들끼리 전파하는 바이럴 마케팅이 완성된 마케팅의 한 방법이다. 한 명의 충성고객이 촉매제가 되어서 다시 새로운 충성고객을 양산하는 최고의 마케팅이다.

28. 고객이 스스로 홍보하게 하라

고객들이 알아서 퍼 나르는 바이럴 마케팅, 마치 전염병처럼 전파되는 소문은 엄청나다. 최고의 판매왕은 '영업은 파는 것이 아니라, 사게 하는 것'이라고 했다.

고객들이 알아서 마케팅을 하고 구매도 하는 것이 최고의 마케팅이다. 단지 자리는 깔아줘야 한다.

플랫폼만 잘 구축해 놓고, 재미와 유익함을 제공하여 고객들이 자발적으로 참여하고, 주변으로 확산하는 시스템을 갖춰면 된다.

8. 고객의 의견을 적극 반영하라

당신의 도움이 가장 절실한 고객에게 다가가라.
– 필립 코틀러

단계적인 욕구를 만족시켜라

우리 애가 갓난아기 때의 일이다. 꼼지락 꼼지락 놀던 아이가 갑자기 울음을 터뜨리고 난리도 아니었다. 그래서 안아주고 딸랑이로 재롱을 피워도 보았지만 아무 소용이 없었다. 한참을 그러고 있으면서 땀을 삐질 삐질 흘리는데 마트에 장을 보러 갔던 애 엄마가 돌아왔다. "멀쩡한 애를 왜 울려?" 하며 성화였다.

"아니, 애를 울린 게 아니라, 잘 놀다가 갑자기 자지러지게 우네. 어디가 아픈가? 병원 가야하나?" "기저귀 확인했어?" "기저귀?" 그러면서 아내는 애를 낚아채다시피 데려가 기저귀를 살폈다. 아니나 다를까, 아내 말대로 기저귀가 흥건히 젖어 있었다. 서둘러서 기저귀를 갈아주자 애는 금방 까르르 웃으며 잘 놀았다. 그날은 초보아빠가 또 한 수 배우는 날이었다. 그리고 상대방의 입장에서 요구사항을 제대로 파악하고 챙겨주는 게 얼마나 어려운지 깨달았다.

애가 운다고, 나는 울음을 그치게 할 목적으로 무조건 안아주고 재롱을 피웠지만 허사였다. 애는 나의 재롱을 원해서 운 것이 아니었다. 아이가 정말 하고 싶었던 말은 바로 축축한 기저귀를 빨리 갈아 달라는 것이었다. 기업도 열심히 제품과 서비스를 만들어서 고객에게 제공한다. 그러나 정작 고객이 원하는 제품과 서비스를 고민은 하고 만들었는지 의문이 들 때가 한두 번이 아니다.

해방 이후 본격적으로 산업화가 태동되기 전까지는 모든 물건이 귀했다. 부모님 세대들의 얘기를 들어보면 대부분 집에서 만들어서 썼고 살수 있는 건 한정적이었다. 그 시대에는 만들어 놓으면 무조건 팔릴 정도였다. 보릿고개를 넘기는 시대였으니 먹고 사는 기본적인 생존의 문제도 해결하기가 어려웠다. 고객들도 먹는 게 해결되면 그 외에 대해서는 별로 관심을 가지지 않았고 욕구도 나타나지 않았다. 누구나 1차적인 문제

만족한 고객들은 결국은 충성고객으로 자리매김을 한다.

가 해결되지 않으면 그 어떤 것에도 관심이 없다. 매슬로우의 욕구 5단계설로 설명한다면 1단계의 욕구인 먹고 마시는 '생리적 욕구'가 먼저 해결되어야 한다. 일부 계층을 제외하고는 대부분 이러한 생리적 욕구를 충족하기에도 급급했다. 기업들은 무조건 만들어 내면 팔리므로 고객의 욕구 따위는 전혀 신경 쓰지 않았다.

80년대까지는 산업화가 본격적으로 가동되면서 급격한 성장과 발전을 거듭한다. 기업가들의 욕심과 밀어내기식 판매 전략으로 물질적인 풍요가 이루어지고 있었다. 그러나 이러한 풍요 속에 제품의 품질에 대해서 많은 의구심이 생겼다. 급하게 물건을 만들어 내다보니 제대로 점검이나 검사를 하지 않고 판매되는 게 많았다. 이러다 보니 불량품의 사용으로 인한 고객들이 안전상의 피해를 입거나, 위생이 불량한 상태나 유효기간의 표시도 없이 오래된 음식물의 섭취로 인한 피해를 보는 사례가 발생했다. 휴대용 가스렌지의 폭발이나 상한 우유를 마시고 배탈이 나거나 하는 경우 등이 그러한 예다.

소비자들의 안전과 위생의 문제가 사회문제로 대두되면서 소비자보호원이 설립되고 소비자보호법이 만들어졌다. 그래서 기본적으로 소비자의 안전의 문제를 해결하려고 노력하는 모습을 보이게 된다. 이러한 안전에 대한 욕구가 매슬로우의 욕구 2단계에 해당한다. 보릿고개 이후 생리적 욕구의 해결에 따른 새로운 안전의 욕구가 생기게 된 것이다.

생활수준이 점점 나아지면서 사람들은 끼리끼리 모이고 소통을 한다. 같이 모이고 소통을 하는 방법으로 같은 물건을 공동구매하여 사용 후기를 공유한다. 아니면 유명 연예인이 사용하거나 입는 옷을 같이 사용함으로써 동질감과 소속감을 느낀다. 어딘가에 소속되고 동질감을 느끼고 싶은 욕구가 트렌드로 자리 잡게 된다. 할리데이비슨 동호회나 한때 유행했던 중학생 패딩 점퍼가 그러한 예다. 소속감에 대한 욕구의 부작용으로 소속되지 못한 사람에 대한 '왕따'라는 사회문제도 대두되기도 했다. 소속되고 싶은 욕구가 매슬로우의 3단계 욕구에 해당한다.

일부 사람들은 남과는 다른 특별함을 고집한다. 일명 '명품족'으로 알려진 이들은 과시욕을 통해 비싸고 고급진 물건을 소비하면서 특별함을 강조하고 스스로 존귀해지고 싶어 한다. 사회의 명사들이나 유명인이 존경받는 것을 나름대로의 소비 방식으로 해소하고자 하는 욕구의 표출이기도 하다. 이런 존경받고자 하는 욕구가 매슬로우의 4단계 욕구에 해당한다.

시대가 점점 발전해 가면서 사람들은 자신에게만 몰두한다. 예를 들면 스마트폰의 외형은 동일하지만 각자 사용하는 어플은 천차만별이다. 자기만의 세계를 구축하고 향유해 간다. 나만의 스타일로 자신을 찾아가는 자아실현 욕구가 그것이다. 이런 자아실현의 욕구가 매슬로우의 5단계 마지막 욕구에 해당한다.

고객의 의견을 상품기획에 반영하라

매슬로우는 이렇게 5단계로 인간의 욕구를 구분하여 설명한다. 1단계가 성취되면 다음 단계의 욕구에 대한 갈망이 생긴다는 것이다. 어느 정도 타당한 얘기다. 또 이런 모든 욕구가 동시에 발현되기도 한다. 사람의 욕구는 무궁무진하다. 사람마다 각자의 다양한 욕구가 있고, 이 욕구를 충족하고 실현하기 위해서 행동하며 소비를 한다. 기업은 사람들의 욕구를 충족해주기 위해 상품과 서비스를 개발하고, 만들고, 판매한다. 물건을 찍어내면 팔리던 시대가 있었지만, 지금은 확연히 다르다. 주변에 호텔에서 수십 년간 일한 분이 있는데, 얘기를 들어보면 예전의 고객과 지금의 고객은 전혀 다르다고 한다. 예전에는 호텔에서 제공하는 서비스를 그대로 이용했다고 한다. 그러나 요즘 고객들은 있는 서비스는 기본이고 없는 서비스를 제공해 달라고 요구한다고 한다. 이런 현상은 비단 호텔에만 해당되는 문제는 아니다. 모든 영역에서 고객의 요구사항이 끊임없이 늘어나서 부담스럽다고 한다.

기업은 상품이나 서비스를 고객에게 판매하여 수익을 올린다. 제대로 더 많이 판매하려면 기업의 입장이 아니라 고객의 입장에서 판단해야 한다. 상품이나 서비스를 개발할 때에도 고객의 입장에서 고객이 원하는 것을 파악하여 고객의 요구에 맞는 것을 만들어야 한다. 기업의 내부 담당자들끼리 몇날 며칠을 밤새고 연구하여 스스로 판단하기에 최고의 제품이나 상품을 만들었어도, 고객이 아니다 하면 아닌 것이다. 고객이 아니면 그 제품은 창고에 재고로 쌓였다가 결국은 폐기될 수밖에 없는 운명이 된다.

　기업들은 고객의 요구사항을 충분히 이해하고 거기에 맞는 상품이나 서비스를 만들기 위해서 고객들의 의견을 많이 듣는다. 우리 회사도 V.O.C를 운영하여 고객들의 요구사항이나 불만사항을 실시간으로 접수받는다. 가급적 요구사항을 해소해주려고 노력한다. 특히 지속적이고 반복적인 요구사항이나 불만사항에 대해서는 내부에서 개선에 대한 의지를 갖도록 하기 위해 담당 임원들도 참여시키고 있다. 고객의 요구사항을 신속하게 개선해 줄 때 고객의 불만사항은 없어지고 고객의 만족으로 이어진다. 특히나 회사에 적극적인 의견 개진을 요구하는 고객들은 요구사항을 개선하면 계속 머물 의향이 있는 고객이다. 이렇게 만족한 고객들은 결국은 충성고객으로 자리매김을 한다.

　한 발 더 나아가 상품개발 단계에 직접 고객을 참여시키는 기업들도 늘어나고 있다. 이들을 프로슈머Prosumer라고 한다. 생산자Producer와 소비자Consumer의 합성어로 생산에 참여하는 소비자를 의미한다. 이들은 상품 기획, 생산, 유통, 판매 전 과정에 참여하여 소비자의 입장에서 의견을 개진하고 적극적인 참여를 한다. 이러한 프로슈머의 활동으로 기업은 보다 고객의 욕구에 적합한 상품과 서비스를 만들어 낼 수 있어서, 더 많은 매출과 수익으로 연결지을 수 있다. 프로슈머를 운영하는 기업들의 제품과 서비스가 대체로 고객 만족도도 높고 많은 충성고객을 확보하고 있다.

제품과 서비스를 고객의 욕구에 연결시키면 고객은 만족한다. 기업이 물건만 만들면 팔리던 시대는 끝났다. 고객들은 원하는 욕구를 충족시키기 위해서 물건을 구매한다. 매슬로우의 욕구 5단계 이론 같이 단계적인 욕구가 있을 수도 있다. 하지만 보다 더 중요한 것은 정확한 고객의 요구사항을 알아내어 그것을 제품과 서비스에 담아야 한다. 고객은 A라고 요구했는데 기업은 B라는 물건을 만들면 안 된다.

정확한 요구사항을 파악하기 위해서는 실시간으로 고객의 소리를 들어서 반영해야 한다. 또한 고객들을 직접 상품 기획, 제조, 유통, 판매 전 과정에 참여시켜 완전히 공감하고 만족할 수 있게 해야 한다. 고객에게 가까이 가면 갈수록 고객 내면에 잠재된 진정한 요구사항을 찾아내어 끌어낼 수 있다. 이 내면의 요구사항을 제품과 서비스로 실현할 때에 고객은 만족하고 충성스러운 고객으로 영원히 남게 된다.

29. 고객의 의견을 적극 반영하라

몇날 며칠을 밤새가며 연구하여 만든 획기적인 제품이라도, 고객이 외면하고 선택을 하지 않는다면 결국 창고의 재고로 쌓이고 결국 폐기되는 운명에 처한다.

제품을 기획하기 전에 먼저 고객의 요구를 정확히 파악하라. 고객이 무엇을 원하는지 제대로 알고 제품을 준비해야 한다.

제품을 만들어서 폐기할 것이 아니라면 공급자 위주 생각은 하면 안된다. 물건을 고르고 사는 고객의 입장에서 그 욕구를 먼저 알아야 한다.

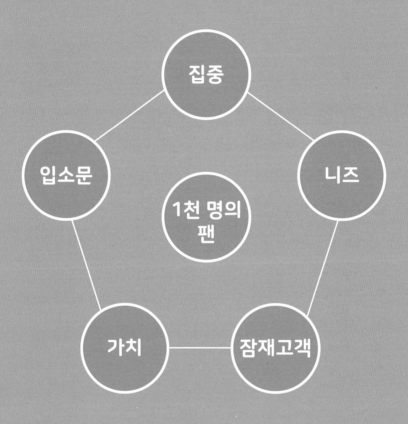

5장

고객을 알면
전략이 보인다

- **마케팅 원칙**
  사람들은 설득을 당하기 때문에 구매하는 것이 아니다.
  자신을 이해해 준다고 느끼기 때문에 구매하는 것이다.

1. 고객의 니즈가 미래다

이 세상에서 성공의 비결이란 것이 있다면
그것은 타인의 관점을 잘 포착해 그들의 입장에서 사물을 볼 수 있는 재능,
바로 그것이다.
– 헨리 포드

먼저 니즈를 파악하라

어릴 때 읽은 여우와 두루미 이야기가 생각난다. 여우가 두루미에게
"맛있는 음식을 줄 테니까 우리 집에 놀러와!" 하고 두루미를 자신의 집
으로 초대했다. 여우는 두루미에게 자신이 사용하는 납작한 접시에 담긴
음식을 내밀었다. 두루미는 부리가 길기 때문에 접시에 담긴 음식을 먹
을 수가 없었다. 하지만 여우는 맛있게 음식을 먹었다. 며칠 뒤 두루미는
여우에게 "며칠 전에 음식을 대접해 줘서 고마워. 이번에는 내가 음식을

대접할 테니 우리 집에 놀러와!" 라고 여우를 초대한다. 두루미는 여우에게 주둥이가 긴 병에 담긴 음식을 내밀었다. 여우는 뾰족한 부리가 없기 때문에 주둥이가 긴 병에 든 음식을 먹을 수가 없었다. 하지만 두루미는 맛있게 음식을 먹었다. 이솝우화에서 보면 여우와 두루미는 서로가 손님으로 초대하여 맛있는 음식을 제공한다.

여기까지는 좋은데, 실제로 자신이 먹기 편한 용기에만 음식을 담아줘서 결국은 하나도 먹지 못하게 된다. 결국 여우와 두루미는 상대방의 입장에서 생각하지 않고, 자기 입장에서만 생각했다. 상대방의 입장이란 상대방이 원하는 대로 해주는 편의를 제공하는 것이다. 상대방의 니즈를 먼저 파악했다면 여우는 주둥이가 긴 병에 음식을 담아서 두루미에게 제공했을 것이고, 반대로 두루미는 납작한 쟁반에 음식을 담아서 여우에게 제공했을 것이다. 상대방의 입장을 이해하고 니즈를 파악하여 맞춰줄 때 관계는 지속되고 미래지향적으로 발전한다. 우화의 얘기지만 현실에서도 고객과의 관계에서 고객의 니즈를 알고 대비하면 미래를 준비할 수 있다.

전북대학교 앞 롯데 슈퍼는 다른 슈퍼와는 다른 특별함이 있다. 여기에는 소포장된 식재료와 구미를 끌어당기는 상품들이 진열되어 있다. 가장 특이한 것이 매장에 보드판을 비치해놓은 것이다. 거기에는 매장에 없는 상품 중에 원하는 것을 필요 상품 항목에 기재하게 하고, 매장에서 답변 항목에 입고 가능 여부, 가능 일자 등을 기재해 놓는다. 이렇게 롯데슈퍼는 고객의 니즈를 파악하고, 자취생 등 1인 가구를 위한 상품들을 적재적소에 공급할 수 있었다. 이러한 운영방식은 이 매장만이 고객들의 니즈에 맞는 상품을 제공하기 위해 짜낸 아이디어이다. 아무리 다양한 상품을 제공받아 매대에 진열하고 있더라도, 매장을 찾아오는 고객들이 필요로 하지 않는 상품을 구비해 놓으면 결국 그 상품은 매대에서 빠지고 반품되거나 재고 창고에 쌓이게 된다. 매장을 찾는 고객의 니즈를 파악하여, 그 니즈에 맞는 상품을 공급하는 것이 매출과 수익을 증대시키는 훌륭한 방법이다.

물건을 사는 사람은 고객이기 때문에 고객의 눈높이에 맞춰야 한다. 고객의 눈높이에 맞추기 위해서는 롯데 슈퍼 매장처럼 지역 상권의 거주 연령층, 세대원 수, 직업유무 등을 면밀하게 분석해야 한다. 고객이 정말로 필요로 하는 상품을 제공해야 한다. 찾아오는 고객의 니즈에 대한 이해 없이, 기업이나 장사를 하는 것은 대충 일해서 망하겠다는 표현으로밖에는 들리지 않는다. 또한 이렇게 적극적으로 고객의 니즈를 알기 위해 보드판을 활용하면 고객들은 관심을 가지게 된다. '진정으로 우리가 필요로 하는 것을 준비해서 제공하려고 하는구나.'라는 생각이 들고, 감동까지 일게 한다. 더군다나 결제하는 포스에서 고객들이 필요로 하는 것을 질문하면 답변하기 곤란한 상품도 있다. 고객의 불편함을 고려하여 보드판에 거리낌 없이 편하게 기재하게 함으로써, 진정 고객이 원하는 것이 무엇인지를 알 수 있다. 또한 여기에서 끝나는 것이 아니라 답변 항목에 입고 가능여부, 가능일자 등을 알려 줌으로써 보드판에 대한 신뢰감을 줄 수 있다. 답변 항목을 활용하면 소통을 한다는 이미지와 고객의 소리에 정성껏 귀 기울인다는 믿음을 준다. 매장의 입장에서도 내일의 상품 포트폴리오를 구성할 수 있어서 계획성 있게 상품을 주문할 수 있다. 아날로그 방식의 보드판 소통의 창은 미래를 내다보고 있다.

고객의 잠재적 니즈 선점이 미래를 선점하는 것이다

고객의 니즈를 직접 확인하는 것도 있지만 고객의 숨은 니즈를 먼저 파악하여 준비하는 기업도 있다. 대표적인 곳이 독일의 자동차부품회사 보쉬(Bosch)이다. 보쉬는 고객사인 벤츠가 차량의 안전성 강화에 노력을 많이 하고 있음을 알았다. 이에 보쉬는 끊임없는 기술 개발로 브레이크 잠김 방지장치인 ABS를 개발했다. ABS를 장착한 벤츠 자동차는 얼음 위에서도 멈출 수 있을 만큼 뛰어난 제동능력을 갖추게 되었다.

이렇게 해서 벤츠가 세계 최고의 자동차 브랜드로 자리매김하는 데 혁혁한 공을 세웠다. 이후에는 다른 자동차 브랜드들도 보쉬의 ABS를 장착하게 되었다. 보쉬처럼 고객의 숨은 니즈를 먼저 파악하여 고객을 만족시켜야 한다. 고객이 말하기도 전에 고객이 필요한 것을 찾아서 해결해 줄 때 고객은 감동하게 된다.

그러나 고객의 숨은 니즈를 미리 파악하는 것은 쉬운 일이 아니다. 끊임없이 고객의 입장에서 생각하고 고민하여야 한다. 고객은 A라고 요구하고 B를 원하는 경우가 있다. 이처럼 표현으로 드러나는 니즈가 전부가 아닐 때가 있다. 드러나지 않고 내면에 숨겨진 니즈를 밖으로 끄집어내어 찾기란 여간 어려운 일이 아니다. 실제로 표현되는 고객의 니즈는 5%도 안 된다고 한다. 그러니 숨겨진 95%가 훨씬 의미 있고 중요하다. 부부는 일심동체라고 한다. 오래 살다 보면 상대방이 지금 뭘 원하는지 말하지 않아도 알 수 있다.

주말에 날씨가 화창하고 좋은 날이 있다. 그러면 아내는 "오늘 날씨가 너무 화창하고 좋다." 이 한 마디를 한다. 이 얘기는 날씨가 좋으니 공원이나 강으로 나들이를 가자는 얘기다. 이 말을 곧이곧대로 받아들여 "응, 날씨가 좋네." 하고 맞장구를 치면 눈 흘김을 받거나 눈치 없는 남편으로 전락하고 만다. "응, 좋네, 오늘은 어디로 갈까?" 이 정도의 멘트는 날려야 한다. 한평생을 같이 사는 부부간에도 '척하면 척' 하고 알아채는 것이 중요하다. 하물며 물건을 사 주고, 내 생존의 근거가 되는 고객이 요구하는 것이라면 더욱 정확히 파악해야 한다. 말하지 않아도 알아야 한다. 초

코파이 광고 카피 중 "말하지 않아도 알아요."처럼 굳이 말하지 않아도 내면을 알아채야 한다.

위에서 본 것처럼 고객이 니즈를 말하거나 숨은 니즈가 있을 경우에는 그 니즈를 충족시켜 주면 된다. 그런데 고객이 니즈를 모르거나 더 이상 바라는 것이 없이 현재에 만족하고 사는 경우가 있다. "우리는 지금 더 바랄 것 없이 아주 만족하고 있습니다." 이런 고객은 자신의 문제가 무엇인지 모르거나 아예 관심이 없는 사람들이다. 그렇지만 한번 써 보면 성능이나 효과에 반할 수 있다.

애플의 아이폰은 휴대폰, 컴퓨터, 아이팟을 합친 것이다. 아이폰이 나오기 전에는 아무도 아이폰과 같은 스마트폰에 대한 잠재니즈가 있다는 것을 몰랐다. 스티브 잡스는 고객들이 스마트폰에 대한 잠재된 니즈가 있다는 것을 확신했다. 그 당시 휴대폰, 컴퓨터, 아이팟 세 가지는 젊은 층이 매일 끼고 살다시피 한다는 것을 알았기 때문이다. 이 세 가지를 합치면 수요는 폭발적으로 늘어날 것이라고 본 것이다.

고객들도 알지 못하는 고객의 니즈를 파악하여 그것을 현실화 시킬 수 있어야 한다. 고객도 모르는 잠재적 니즈가 미래이고 전략이 된다. 현재의 니즈나 숨은 니즈에 대해서는 누구나 충족시킬 수 있다. 누구나 할 수 있는 것에는 경쟁이 치열하다. 현실화된 니즈 시장은 그래서 레드오션이다. 미래를 선점하고 경쟁 없이 고객을 선점하기 위해서는 잠재니즈에 대한 분석을 해야 한다. 잠재니즈 파악으로 새로운 시장인 블루오션을 선점해야 한다. 이것이 바로 미래전략이 된다.

고객들도 알지 못하는 잠재니즈를 파악하는 기법을 마켓센싱Market Sensing이라고 한다. 이 방법으로는 거리에서 소비자들을 관찰하는 타운와칭Town Watching, 비디오 촬영을 통해 관찰하는 비디오 에스노그래피 Video Ethnograpy, 매장에서 고객을 관찰하는 POPPoint of Purchase, 소비자들을 따라다니면서 계속 관찰하는 새도 트레킹Shadow Tracking 등이 있다.

고객의 니즈가 미래이다. 고객의 니즈가 실현화 된 것이 우리의 상품과 서비스이다. 상품과 서비스 모두, 우리가 만들어 놓으니 고객의 니즈가 생겨난 게 아니다. 니즈가 있어서 거기에 맞춰 만들어냈다. 니즈가 없는 상품과 서비스를 만든다면 아무런 관심도 받지 못하고 결국은 폐기처분 될 것이다. 시대가 변하면서 고객들의 니즈는 계속 변화되어 왔다. 변화되는 니즈에 빠르게 대응해야 살아남을 수 있다. 현재 파악되는 니즈에 대해서는 누구든지 거기에 맞는 상품과 서비스를 만들어 낼 수 있다. 이런 시장은 경쟁이 치열한 레드오션이 될 수밖에 없다. 그러나 고객도 알지 못하는 잠재니즈를 파악해서 거기 맞는 상품과 서비스를 만들어 내면 고객들의 관심을 폭발적으로 받는다. 이렇게 하면 고객들을 선점하고 경쟁상대도 없는 블루오션 시장이 될 수 있다. 고객의 니즈, 그것도 고객의 잠재니즈를 선점하는 것이 미래를 선점하는 것이다.

30. 고객의 니즈가 미래다

고객도 모르는 고객의 니즈를 파악하여 현실화시켜야 한다. 고객이 알고 요구하는 니즈시장은 레드오션이다.

이러한 레드오션 시장에서는 치열한 가격경쟁으로 큰 수익을 낼 수도 없이 고생만 한다.

고객의 잠재니즈 시장이 미래를 선점하는 블루오션이다. 이러한 블루오션 시장에서는 선점하기는 어렵지만, 선점만 하면 땅 짚고 헤엄치는 격이다.

현재를 보지 말고 잠재된 고객의 니즈를 파악하여 미래를 선점하라.

2. 불만을 만족으로 바꿔줘라

전략이란 포기에 관한 것이다.
차별화를 위해 세심하게 무언가를 고르는 것이 바로 전략이다.
– 마이클 포터

고객의 불만에도 귀 기울여야 한다

새해가 되면 새로운 각오로 신년계획을 세운다. 담배를 끊는다, 운동을 한다, 독서를 한다, 몸무게를 10Kg 뺀다는 등 결연한 각오로 시작한다. 시작은 요란하고 거창하지만 며칠 가지 않아서 흐지부지해진다. 결국은 작심삼일에 그치고 마는 경우가 허다하다. 이렇게 해마다 반복되는 연례행사가 되기가 일쑤다.

이런 신년 계획이나 각오를 세울 때에는 나 자신을 정확히 돌아봐야 한다. 그리고 목표하는 것을 보다 더 분명히 이해하고 구체적이고 디테일하게 목표를 정해야 한다. 독서를 한다면 평소에 나의 독서수준이 어느 정도이며, 한 권을 읽는데 며칠이 걸리는지 체크해야 한다. 그리고 며칠에 한 권, 하루에 몇 페이지를 정하고 또 이렇게 못했을 때 스스로에게 주어지는 패널티를 정해서 하나씩 하나씩 실천해야 한다. 세부적인 계획을 세워서 타임스케줄을 짜면 지금 당장 뭘 할 것인가가 분명해진다.

개인의 계획을 세우는 것도 철두철미하게 해야 하는데, 기업의 경우에는 두말할 필요가 없다. 기업에도 해마다 경영계획을 세우고, 세워진 경영계획에 따라 실행을 하여 연말이면 목표에 따른 성과를 평가한다. 경영계획을 세우기에 앞서 보다 중요한 것은 바로 경영 전략이다. 전략은 기업이 나아가야 하고 추구하여야 하는 방향을 설정하는 것이다. 기업의 전략을 세울 때에 가장 중요시하는 것은 두말할 것 없이 수익성이다. 수익 증대를 위한 전략은 생존의 기본이다. 수익이 증대해야 기업의 존재가치가 있다. 수익을 증대하기 위해서는 기업이 만들어내는 상품과 서비스를 고객이 많이 구매하고 이용해야 한다.

결국은 고객이 많이 구매하고 이용해야 하는 것에 전략의 포커스가 맞춰져야 한다. 고객의 이해가 선행되어야 제대로 된 전략이 나올 수 있다. "고객 중심", "고객 관점"이란 구호만 외쳐서 되는 일이 결코 아니다. 먼저 고객에게 다가가서 고객을 알아야 한다. 고객의 니즈를 제대로 파악하고, 우리 상품과 서비스에 대한 고객들의 반응과 새로운 니즈를 발견해야 하고 거기에 맞는 상품과 서비스를 재창출해야 한다. 이렇게 고객을 알기 위해서 기업들은 여러 가지 다양한 방법들을 이용하고 있다.

우리 회사는 고객의 다양한 니즈를 파악하기 위해 V.O.CVoice of Customer를 운영하고 있다. 홈페이지, 콜센터, 카드센터 등 다양한 창구를 통해서 고객들의 의견이나 불만 사항을 접수 받고, 불만 사항은 개선하여 불만족을 제거한다. 의견들은 실시간으로 해당 부서에 개진하여 상품과 서비스에 반영하게끔 한다. 또한 진행상황에 대해서 단계별로 신속하게 고객에게 피드백을 제공하여 고객의 소중한 의견에 대해 지속적인 관심을 가지고 있음을 보여준다.

고객들 중에 불만이나 만족을 하더라도 기업에 직접 표현하는 사람은 5% 정도에 그친다고 한다. 그러니 직접적으로 표현하는 고객들에게 얼마나 감사해야 하는지 실감이 된다. 이런 하나하나의 의견들이 모여서 회사의 방향은 점점 고객에게 맞춰져 간다. 마치 원석을 다듬어서 다이아몬드를 만들듯 완성도를 높여가는 것이다.

"매월 카드 이용할 금액을 지정하고, 실제 사용금액이 지정한 금액을 초과하면 초과 알림 문자를 보내주면 좋겠다."고 고객이 의견을 제시했다. 취지는 과소비를 막고 합리적인 카드 이용을 하겠다는 것이었다. 회사의 입장에서는 카드이용이 줄어들지 않을까 걱정이 되는 부분이었다. 이에 대해 내부에서 찬반 의견이 팽팽하게 대립되었다. 하지만 고객의 입장에서 고객이 원하는 것을 해주는 게 바람직하다는 결론을 내렸다. 그래서 '와이슈머'란 서비스가 탄생했다.

이렇게 하니 고객들의 반응은 가히 폭발적이었다. 그리고 우려했던 것 같이 카드 이용이 줄어들거나 하지는 않았다. 오히려 매출이 늘어나는 효과가 있었다. 먼저 고객은 수시로 이용 상황을 체크하면서 소비를 할 수 있으니, 이 서비스를 이용하려고 롯데카드를 많이 이용하게 되었다. 당장은 손해 보거나 수익이 나지 않을 것 같더라도, 감성을 가진 고객을 자극해서 매출의 증가를 이끌어 내어 수익을 늘릴 수 있었다.

고객패널은 회사의 대표선수다

고객이 원하는 것을 전략의 방향으로 할 때 효과가 있다. 내부에서 난상토론을 하여 전략을 세운다고 하더라도 자칫 공급자 중심의 전략이 될 수 있다. 공급자 중심의 전략은 철저하게 합리적이고 이성적인 논리의 바탕 위에서 세워진다. 그러나 우리의 상품과 서비스를 사용하는 고객은 합리적이라기보다는 감성적이고 충동적이다. 합리적이고 논리적인 무기를 가지고 감성적이고 충동적인 곳에 맞추려다 보니 '따로국밥' 같은 결론이 나오고 만다. 이 둘의 충돌은 결국 감성과 충동이 이길 수밖에 없다. 교과서적으로는 합리성과 논리성이 우위이지만, 현실에서 결국 상품과 서비스의 구매자는 고객이다. 칼자루는 고객이 쥐고 있다. 그러기 때문에 고객에게 맞춰야 하는 것은 당연하다.

또한 기업들이 V.O.C를 운영하면서, 병행해서 고객 패널 제도를 운영하고 있다. V.O.C는 저인망식으로 대부분의 고객들의 의견을 수렴할 수 있다. 이에 반해 깊이 있고 정성된 의견을 수렴하는 데는 한계가 있다. 이런 단점을 보완하기 위해 운영하는 것이 바로 고객 패널 제도이다. 우리 회사는 20여 명으로 고객 패널 제도를 운영하고 있다. 오프라인과 온라인 패널로 이원화하여 운영한다. 패널들은 이슈가 되거나 신상품 출시와 관련하여 의견을 개진한다. 각자가 조사 연구한 보고서를 토대로 정기 간담회에서 주제발표 및 의견을 개진한다. 사전에 해 둔 조사와 실제 상품이나 서비스를 이용해본 경험을 토대로 현장감 있는 의견이 나온다. 회사에서 미처 생각하지 못한 문제점들은 체크해서 수정할 수 있는 기회가 생긴다. 또한 신상품에 대한 아이디어를 제공하여 긍정적인 결과를 얻어내고 있다.

고객패널이 제안한 의견 중에 대표적인 게 스마트폰 어플 명칭에 대한 제안이었다. 처음에 출시할 때는 '스마트 롯데'라는 명칭으로 오픈했다.

누가 보더라도 스마트폰에 탑재하는 어플이니 스마트한 느낌이 들게 하여 신뢰감과 신선함을 준다고 생각했다. 그런데 고객패널의 의견은 "롯데에는 그룹계열사가 많이 있는데, 스마트롯데라고 하니 어느 회사 어플인지 구분이 가지 않아요. 그냥 '롯데카드'라고 이름을 바꾸는 게 훨씬 심플하고 이용하는 사람들도 혼동이 되지 않고 직관적으로 알 수 있을 것 같아요." 라는 것이었다. 의견을 들어보니 정말 맞는 말이었다. 처음 출시할 때의 스마트롯데는 공급자 입장에서 우리 회사라는 전제를 깔고 가는 것이었다.

내부에서는 다 아는 전제사실이니 그냥 문제없이 넘어갔다. 그러다 보니 정작 이용하는 고객의 관점에서는 깊이 있게 생각을 하지 못한 것이다. 그래서 관련부서에서도 의견이 일치하여 어플 명칭을 '롯데카드'로 바꾸게 되었다. 바꾼 다음에 내 스마트폰에서도 기존보다 이용하기가 한결 수월해 졌다. 내 스마트폰 어플에는 롯데관련 어플만 해도 백화점, 마트, 시네마 등 10여 개가 된다. 그러니 정확한 회사명이 이용하는데 훨씬 더 용이하다.

어플 이름만 봐도 직관적으로 어딘지 알 수 있으니 머뭇거리거나 고민할 필요가 없었다. 그래서 고객을 알아야 한다. 내부에서 아무리 고민하더라고, 실사용자 입장에 서지 않으면 고생은 고생대로 하고 효과는 거두지 못할 수 있다.

고객의 니즈가 전략으로 확보되어야 한다. 고객의 니즈는 결코 원대하거나 거창한 것이 아니다. 쉽게 사용할 수 있고, 저렴하고, 품질이 좋은 그런 걸 원한다. 이런 출발선상에서 전략이 세워져야 한다. 그렇지 않으면 우리의 전략은 도달할 수 없는 북극성으로 남을 수 있다. 이를 방지하기 위해서 다양한 방법으로 고객의 의견을 청취하여 고객을 알아야 한다. 고객을 알지 못하고는 단 일보도 제대로 나아갈 수 없다. 기업의 지향점은 바로 고객인 것이다. 고객이 기업의 나침반이다. 간혹 경영상, 아니면 외부적인 상황으로 흔들리고 힘들더라도 나침반인 고객을 직시하고, 고객을 향해 나아갈 때 난관을 헤치고 나아갈 수 있다.

고객을 알아야 전략이 보인다

기업의 존립 기반은 직원도, 주주도 아니다. 바로 고객이다. 고객이 상품과 서비스를 구매해주지 않으면 기업은 성장은커녕 망할 수도 있다. 그러니 장기적인 전략은 고객을 따로 떼놓고는 상상도 할 수 없다. 고객의 의견과 불만에 귀 기울여 수렴해 나아가야 한다. 고객의 의견 하나하나가 전략의 일부이다. 내부에서 세운 경영계획도 고객의 의견이나 니즈에 앞설 수 없다. 우리의 최종 지향점은 고객이므로 고객을 중심에 놓아야 한다. 공급자 중심이 아닌 수요자 중심으로 거듭나서 고객을 제대로 알고 전략을 세워야 한다.

31. 불만을 만족으로 바꿔줘라

고객은 기업이 나아가야 하는 지향점이고, 순간순간의 나침반이다. 지향점이자 나침반인 고객을 잘 알아야 우리가 가야할 길의 방향을 정할 수 있다.

내부의 이성적이고 합리적인 의사결정이 최고일 수가 없다. 물론 내부에서는 최고일 수 있지만, 고객의 입장에서 볼 때는 딴세상 얘기일 수 있다. 의사결정과 전략은 고객을 향해 있어야 한다.

의사결정과 전략도 결국은 매출 증대를 위한 것이다.

그 매출증대는 바로 고객이 만들어 주는 것이다.

3. VIP는 특별 대우하라

고객은 똑같은 대우를 원치 않는다.
고객이 바라는 것은 개별화된 처우다.
— 돈 페퍼스 & 마사 로저스

고객 차별화는 당연한 것이다

성경 마태복음 25장에 보면 달란트 이야기가 나온다. 주인이 외국에
갈 때 종들을 불러 자기 소유의 재물을 각각 그 재능에 맞게 맡긴다. 한
사람에게는 금 5달란트를, 한 사람에게는 2달란트를, 한사람에게는 1달
란트를 맡기고 떠났다. 5달란트를 받은 자는 바로 가서 그것으로 장사하
여 또 5달란트를 남겼다. 2달란트를 받은 자도 그같이 하여 또 2달란트
를 남겼다. 1달란트를 받은 자는 가서 땅을 파고 그 주인의 돈을 묻어 두

었다. 오랜 후에 주인이 돌아와 그들과 결산을 했다. 5달란트를 받았던 자는 5달란트를 더 가지고 와서 주인에게 이르고 칭찬을 받았다. 2달란트를 받았던 자도 2달란트를 더 가지고 와서 주인에게 이르고 칭찬을 받았다. 1달란트를 받았던 자는 와서 이르기를, 당신의 1달란트를 땅에 감추어 두었나이다. 보소서 이것이 당신의 것입니다. 주인은 그에게서 1달란트를 빼앗아 10달란트 가진 자에게 줬다.

성경의 달란트 이야기처럼 결과가 상이하게 나오는데도 동일하게 대우할 수 없다. 성경에서 고루 나눠주면 평등하다. 자체만 보고 판단하는 것이고, 공평은 결과뿐만 아니라 전 과정을 아우르고 판단하는 것이다. 노력에 따라 상이하게 차별하여 취급하는 것이 이치에 맞다. 여기에 대해서는 그 누구도 반발하지 않을 것이다. 달란트 이야기처럼 1달란트를 받은 자도 여기에 대해 반박을 하지 못한다. 본인이 게으르고 악하다는 것을 알기 때문이다.

차별을 할 수 밖에 없다. 어쩌면 다르게 대우하는 게 당연하다. '모든 고객에게 동등한 서비스를 제공해야 하는 게 아니냐?'는 생각은 틀린 생각이다. 한 달에 5만 원의 매출을 올려주는 고객과, 5백만 원의 매출을 올려주는 고객은 확실히 다르다. 이런 고객들을 똑같이 대우하면 오히려 공평성에 어긋난다. 평등한 서비스보다는 공평한 서비스로 고객마다 차별적인 대우를 해주는 게 바람직하다. 누구든지 노력을 많이 하고 기여를 많이 하면 더 많은 보상이나 혜택을 바라는 건 당연하다. 만약 노력이나 기여 여하를 막론하고 똑같이 대우하면 아무도 노력을 하려 들지 않을 것이다.

실질적으로 공평한 서비스를 시행하는 대표적인 것이 바로 항공사 마일리지 제도이다. 아시아나 항공의 마일리지 회원은 실버, 골드, 다이아몬드, 다이아몬드 플러스, 플래티늄 등으로 구분된다. 등급을 구분하는 기준은 탑승 기록이다. 실버회원에서 골드회원으로 승격되더라도 많은 혜택이 주어진다. 즉, 마일리지 항공권 구매시 5천 마일리지 쿠폰을 제공, 라운지 이용권 2매, 탑승 시 보너스 5% 추가 적립, 수하물 추가 무료, 수하물 우선처리 등이 있다. 가장 유용한 것은 전용 체크인 카운터를 이용할 수 있어서 줄을 서서 기다릴 필요가 없다. 항공사의 마일리지 등급에 따른 차별화된 혜택에 대해서 불만이나 이의를 제기하는 사람은 없다. 이러한 차별화 전략이 항공사 서비스에는 정착이 되어 있다.

고객의 매출 추이를 살펴보면 상위 20% 고객의 매출이 전체 매출의 80%를 차지한다. 상위 20%의 고객들이 매출 및 수익에 전적으로 기여한다. 역마진이 발생하는 고객군으로 구별할 수 있다. 같은 고객이라도 수익에 기여하는 정도가 상이한 고객들을 동등하게 대우하면 지대한 공헌

을 하는 단골 충성고객의 반감이 생긴다. 그렇기 때문에 이런 차별 대우
는 실질적으로 공평한 대우라고 볼 수 있다.

고객을 세분화하라

98년에 개봉한 영화 〈타이타닉〉은 첫 출항이 좌초로 인해 마지막 항
해가 되었다. 타이타닉의 객실은 3가지로 구분되어 있다. 부자와 귀족이
타는 1등실, 평민들이 타는 2등실, 가난한 사람들이 타는 3등실로 되어
있다. 언뜻 보기에는 신분에 의한 객실의 구분 같지만 실제로는 각 객실
의 요금이 차등된다. 돈 있는 사람은 비싼 1등 객실을 이용하고, 돈이 없
으면 3등 객실을 이용한다. 객실의 제한성으로 인해 가격으로 차별화 할
수밖에 없다. 모든 고객들에게 동일한 객실을 제공할 수 없다. 객실을 등
급으로 해서 좋은 곳은 비싸게, 덜 좋은 곳은 상대적으로 저렴하게 가격
을 정한다.

고객의 입장에서는 더 많은 비용을 지불하면 더 좋은 서비스를 원하는
것은 당연하다. 크루즈의 입장도 더 많은 비용을 지불한 고객들이 수익
에 기여하는 것이 크므로 더 좋은 서비스를 제공하는 건 당연하다. 기준
없이 요금은 동일하게 하고 선착순으로 먼저 오는 고객이 좋은 객실을
차지할 수 있다고 하면 아비규환이 될 것이다. 사람은 누구나 가성비를
따진다. 이렇게 운영하면 며칠 전부터 줄서기가 장사진을 이룰 것이다.

사적 영역에서 비용 대비 차별화를 하는 것은 공평의 원리에서 바람직하다. 예를 들어 기부를 많이 하는 순서로 국립대에 입학허가를 해 준다면 부자들만이 갈 수 있는 곳으로 전락한다. 또한 이렇게 한다면 심각한 사회문제가 될 수 있다. 그러나 사적 영역에서 상품이나 서비스의 질을 차등화 하고, 좋은 상품이나 서비스일수록 고가로 책정하는 것은 문제가 되지 않는다. 고가명품이 그러한 예이다.

고객들에게 공평한 서비스를 제공하기 위해서는 사전에 그 기준을 정하여 알리고 공지하여 운영해야 한다. 고객의 경우에도 기여 정도에 따라 차별화 한다는 인식이 있으면 거기에 맞게 구매를 할 수 있다. 카드회사의 경우에는 전년도 사용실적을 분석하여 고객들의 등급을 몇 단계로 세분화 한다. 각자 자기의 등급에서 정한 목표 사용액을 상회할 경우에는 별도의 보상을 제공하여 카드이용에 대한 동기 부여를 한다. 등급이 높을수록 제공하는 서비스나 혜택이 크므로 동기 부여가 확실하다. 단순히 매출 실적만 가지고 등급을 나누기보다는 좀 더 복합적으로 구분하는 것도 필요하다.

고객의 가처분소득과 거기에 따른 카드 사용 한도를 분석하여 가처분소득 및 카드 사용 한도에 임박하게 사용하는 고객에 대해서 고등급을 책정해 준다. 고객은 가처분 소득 및 사용한도 범위 내에서 소비를 할 수밖에 없다. 소득수준이나 한도에 임박하게 사용하는 경우에는 충성고객이라 할 수 있다. 고객의 월 소득이 3백만 원이라면 고객이 2백만 원 카드결제를 했다면 해당카드를 주 카드로 사용했다고 볼 수 있다. 이에 반해 월 소득이 1천만 원 넘는 고객이 3백만 원 카드결제를 했다면, 나머지 소득은 타사 카드를 사용할 수 있으므로 타사 카드가 주 카드가 될 수 있다. 이렇게 보면 2백만 원 결제한 고객의 로열티가 3백만 원 결제한 고객의 로열티 보다 훨씬 높다고 본다. 즉 전자가 충성고객이다. 그러므로 가처분소득이나 사용한도 대비 사용실적을 고객 등급을 정할 때 반영하여 복합적으로 운영할 필요가 있다.

모든 고객은 평등하지 않다. 공적인 개념은 국민, 시민으로 의미가 있다. 공적인 영역에서는 평등이 실현되어 온 역사이다. 이제는 공적 영역에서 평등은 완성되었다고 볼 수 있다. 사적인 영역에서는 같은 고객이라도 매출이 많은 고객과 그렇지 않는 고객으로 각양각색이다. 매출이 많고 수익에 기여를 많이 하는 고객과 그렇지 않은 고객을 똑같이 평등하게 대우하면 곤란하다. 고객의 매출 여부와는 무관하게 동등하게 대우하면 평등한 대우일지는 몰라도 공평한 대우는 아니다.

평등이 획일적인 균등이라면, 공평은 개별 특성에 따른 실질적 평등이다. 열 손가락을 깨물면 분명 더 아픈 손가락이 있다. 우리에게 더 많은 매출과 수익을 안겨주는 고객에게 더 관심이 가고 대우해 주고픈 것은 인지상정이다. 매출 및 수익 기여도에 따라 고객을 세분화하여 차별적인 서비스를 제공해야 한다. 기여가 많은 고객은 그에 상응하는 대우를 받을 때 더 충성스러움을 발휘한다. 기여도 등급을 미리 제시하면 기여도가 약한 고객도 높은 등급으로 상승하여 보다 나은 대우를 받기 위한 노력을 하게 된다. 고객세분화와 명확한 기준을 제시하면 고객들의 자발적인 로열티를 이끌어내기에 충분하다.

32. VIP는 특별 대우하라

500만 원을 구매한 고객과 5만 원을 구매한 고객이 똑같지는 않다. 같은 고객이라고 똑같은 서비스를 제공한다면 더 많은 구매를 한 고객은 불만을 느끼고 떠나게 된다.

획일적인 평등이기 때문이다. 구매액에 비례하여 차등적인 서비스나 혜택을 제공하면 그 누구도 불만을 갖지 않는다. 자기의 기여분에 따른 대우를 받는 것이기 때문에 모두 다 수긍하고 받아들인다.

고객들을 기여도에 맞게 공평하게 대우하는 것이 실질적인 평등으로 대우하는 것이다.

4. 고객의 니즈를 끊임없이 발굴하라

성공의 비결이 있다면,
그것은 타인의 입장이 되어서 모든 것을 생각하는 것이다.
– 토머스 제이왓슨

먼저 직원을 만족시켜라

살면서 목표를 세우고 실천해본 일이 얼마나 있을까? 나는 살아오면서 끊임없이 목표를 세우고 생활하는 것을 반복했다. 중 · 고등학교 때 중간고사, 기말고사 시험의 성적 목표를 세웠고, 고3때는 대학 진학목표, 대학에서는 취업을 위한 목표, 취업 후에는 결혼에 대한 목표……. 목표를 세운다 하더라도 100% 달성하는 것은 드물었다. 그나마 목표를 세우면 달성하려고 노력하기 때문에 근사치에라도 도달할 수 있다. 그러나 목표

마저 세우지 않고 생활했다면 부평초처럼 정처 없이 떠도는 흐지부지한 삶이 될 수 있었다. 목표라는 것은 앞으로 나아갈 방향이다. 가야 할 방향이 있으면 그곳만 바라보고 줄곧 쭉 나아가면 된다. 그래서 목표가 있는 삶은 지름길을 가는 것이다.

목표를 향해 가는 길은 고되고 힘들다. 그렇지만 돌이켜볼 때 한 발짝 한 발짝 나아가는 흔적은 목표에 이르는 주춧돌과도 같다. 나는 1년에 한 번씩 단기 코스로 마라톤을 뛴다. 스타트를 하고 첫발을 내딛을 때는 가뿐하다. 그러나 시간이 지나고 반환점을 돌고 8km 지점에 올 때는 정말로 숨이 가쁘고, 다리가 안 벌어진다. 이른바 마의 8km 구간이다. 뛰다가 한번 걸으면 다시 뛰기에는 여간 힘든 게 아니다. 쉬지 않으려고 이를 악물고 마의 8km대를 지나 9km까지 지나면 그 때는 골인점이 보이므로 마지막 최선을 다한다. 목표를 세우고 달성했을 때의 성취감이 사람을 성장시키고 성숙케 한다.

개인이 목표를 꾸준히 세우듯이 기업의 목표도 꾸준히 세운다. 회사의 목표는 고객만족이 되어야 한다. 고객만족은 고객의 니즈에서 찾아야 하고 결국 고객의 니즈가 목표가 되어야 한다. 고객만족은 매출이나 수익 증대 같은 목표와 달리 고객에게 최대의 만족을 주는 것에서 기업의 존재 의의를 찾으려는 것이다. 우리의 상품과 서비스를 이용하고 고객이 만족을 하게끔 노력하는 것이다. 고객을 만족시키려면 먼저 내부고객인 직원들부터 만족시켜야 한다. 그리하면 만족한 직원의 느낌이 생생하게 고객에게 전달될 것이다. 많은 기업들이 고객만족을 직원들, 특히 접점 직원들에게 강조하고 고객만족도를 조사한다. 또한 직원들의 서비스를 모니터링 하고 그 결과를 인사평가에 반영한다.

이렇게 직원들에게 고객만족을 강요하다시피 하니, 직원들은 고객을 응대할 때 마지못해 하는 경향이 생겼다. 이를 경험한 기업들은 고객만족을 달성하기 위해서는 먼저 직원들부터 만족시켜야 한다는 사실을 깨달았다. 고객만족도가 높은 기업들을 살펴보면 직원 만족도가 높게 나온다. 고객만족도가 가장 높은 에버랜드의 경우를 살펴보면 잘 알 수 있다.

에버랜드는 캐스트 하우스라는 기숙사를 운영한다. 1인 1실이 기준이며 시설은 고급호텔 수준이다. 직원 건강을 위한 웰니스 클리닉을 운영하고 진료비도 지원하는 등 의료보장제를 실시한다. 자기계발을 위한 독서실, 영화감상실, 영어랩실, 휴게실 등 에너지 재충전을 위한 공간도 제공한다. 또한 능력개발을 위해 해외연수 프로그램도 운영하고, 주기적인 교양 강좌, 독서대학, PC를 통한 정보화 교육 등을 지원하고 있다. 만족한 직원이 자연스럽게 기업이 추구하는 가치를 고객에게 전달한다. 이러한 절차가 시스템적으로 돌아가려면 종국적으로 고객만족이라는 것이 하나의 기업문화로 정착하여야 한다. 직원들의 자발적인 참여로 고객을 만족시키려는 노력을 하는 문화가 되어야 한다.

고객의 니즈는 끊임없이 발굴해야 한다

고객이 만족하게 되면 재구매를 통한 충성고객이 되고, 회사는 매출증대에 따른 수익 창출의 효과를 누린다. 고객만족은 불만족한 부분을 개선하는 것만으로 해결되지 않는다. 적극적으로 만족한 요인을 제공해야 한다. 제품이 불량이면 불만을 가질 수 있지만, 불량을 개선한다고 해서 만족하지는 않는다. 만족하게 하려면 구매행동에 동기를 부여하거나 만족도를 높여 주어야 한다. 기대하지 못한 서비스, 탁월한 품질, 기분 좋게 해주는 친절 등이 여기에 해당한다.

컴퓨터를 새로 구입했을 때의 일이다. 설치기사가 직접 와서 설치를 전부 끝냈다. 그냥 갈 줄 알았는데, PC와 연결된 케이블이 복잡하게 얽힌 것을 보고 가지런히 정리하고 밴드로 단단하게 고정도 해줬다. 그리고 주변에 먼지며 찌꺼기가 있었는데 깔끔하게 청소도 해주었다. PC도 새로 구입하고 케이블 정리와 청소까지 했으니 정말로 대만족이었다. 고객은 거창한 서비스보다 이렇듯 사소한 부분에서 꼼꼼히 챙겨주는 것을 더 좋아하고 만족한다.

상품과 서비스를 계획하기 전에 무엇을 만들 것인가, 누구를 위해 만들 것인가를 고민해야 한다.

고객의 니즈는 시대에 따라 변하여 왔다. 고객별로 각양각색의 다양한 니즈가 있다. 상품과 서비스를 계획하기 전에 무엇을 만들 것인가, 누구를 위해 만들 것인가를 고민해야 한다. 내 생각대로 내가 원하는 것을 만들 수는 없다. 상품과 서비스를 구입하는 고객이 원하는 대로 만들어야 한다. 배가 항해를 할 때는 먼저 가야 할 목적지를 정해야 한다. 목적지가 정해졌을 때 항해 거리는 얼마나 되고, 태울 승객은 몇 명이고, 연료는 얼마나 필요한가에 대한 세부적인 방법이 나온다.

고객의 니즈는 매슬로우의 욕구단계론에 따르면 5단계로 나누어진다. 1단계인 생리적 요구와 2단계인 안전의 욕구는 이것이 충족된다고 해서 만족하는 것이 아니라, 불만의 요인이 없어질 뿐이다. 즉 배가 고프고 고장이 난 차를 타서 사고가 날까 두려운데, 누군가 식사를 제공했거나 차를 수리했을 때는 만족한 것이 아니다. 그냥 배고픔과 사고의 두려운 불만이 사라질 뿐이다.

고객은 3단계인 소속되고픈 욕구, 4단계인 존중의 욕구, 5단계인 자아실현의 욕구가 해결될 때 만족하게 된다. 즉 할리데이비슨 동호회에 가입하거나, 학위를 받아 존경을 받거나, 버킷 리스트를 실현했을 때 만족감을 느낄 수 있다. 단계별로 차이가 나는 니즈에 대해서 만족감을 최대로 주기 위해서는 상위의 욕구를 만족시켜 주어야 한다. 그러려면 보다

고차원의 욕구 충족을 위한 상품과 서비스 개발에 집중을 해야 한다. 이를 잘 반영하는 것이 요즘 소비의 트렌드이다. 고객들은 단순히 먹고 마시는 것에 만족을 하지 않고 도전적인 경험을 통해서 만족을 찾고 있다. 기존의 만족 수단이 단순히 물질적인 것이었다면, 이제는 경험을 할 수 있는 서비스로 만족감을 충족시키고 있다. 이러한 트렌드를 반영하여 서비스 산업이 성행하고 각광을 받는다.

테슬라 자동차의 CEO 엘론 머스크는 우주여행 프로젝트를 준비하고 있다. '스페이스 X'라는 회사를 세워서 프로젝트를 실행하고 있다. 먼저 우주 여행객을 달 근처에 접근 시키고, 최종적으로 화성에 인류를 거주 시킬 계획이란다. 우주여행에 드는 비용은 100억 정도라고 한다. 100억 원이면 어마어마한 돈이다. 그럼에도 불구하고 가고자 하는 사람이 줄을 섰다고 한다. 이처럼 고객의 니즈는 새로운 경험에 대한 것으로 바뀌어 간다.

경험은 돈 주고도 살 수 없는 것이기에 돈 있는 부자들은 서슴없이 우주여행을 신청한다. 특히나 우주여행은 희소성이 있는 것이기에 그 만족도는 상대적으로 엄청나게 크다. 이런 새로운 도전이 고객의 니즈이다. 이뿐만 아니라 새로운 니즈는 끊임없이 창출된다. 미래의 전략은 매출과 수익증대가 아니라, 고객의 니즈를 파악하고 충족시켜주는 것이다. 잠재된 니즈를 찾아내거나 새로운 니즈를 창출해나가는 것이 고객만족의 새로운 패러다임이다.

 고객만족의 최종 목표는 고객의 니즈이다. 고객만족은 상상하지도 못한 탁월하고 멋진 상품과 서비스를 제공하여 고객을 감동시키는 것이다. 고객을 만족시키려면 먼저 내부 직원을 만족시켜야 한다. 만족한 직원이 그 느낌을 그대로 고객에게 전달할 때 고객도 만족한다. 스타벅스 같은 회사는 고객보다 직원을 제일 먼저 생각한다. 직원을 만족시킨 다음에는 고객만족을 위해 집중하여야 한다. 고객을 만족시키기 위해서는 고객의 니즈를 정확히 파악해야 한다. 파악된 니즈를 분석하고 연구하여 거기에 맞는 상품과 서비스를 만들어 제공할 때 고객이 만족한다. 고객의 니즈는 변화하여 물질적인 것에서 경험적인 것으로 바뀌었다. 변화하는 트렌드를 읽고 잠재적인 니즈를 이끌어 내고 새로운 니즈를 창출해 낼 수 있어야 한다. 고객의 니즈를 보고 항해해 갈 때 고객만족의 목표를 달성할 수 있다. 이것이 바로 미래의 전략이다.

33. 고객의 니즈를 끊임없이 발굴하라

고객의 니즈는 끝이 없다. 하나의 니즈를 충족하면 또 하나의 새로운 니즈가 생긴다.

끊임없는 니즈를 충족시키는 것이 목표가 되어야 한다. 한 번의 니즈를 충족시켰다고 안주하면 안된다. 점점 더 높은 니즈를 충족시켜줘야 한다.

테슬라의 엘론 머스크처럼 우주여행 서비스도 준비해서 충족시켜야 한다. 고객에 따라 니즈를 충족하기 위해서는 돈이 문제가 아니다.

니즈를 충족하는 것 자체가 문제인 것이다. 따라서 지속가능한 성장을 위해서는 고객의 니즈 자체가 목표가 되어야 한다.

5. 우동 한 그릇도 온 정성을 들여라

관계란 자신이 한 만큼 돌아오는 것이네.
먼저 관심을 가져주고, 먼저 다가가고, 먼저 공감하고, 먼저 칭찬하고,
먼저 웃으면 그 따뜻한 것들이 나에게 돌아오지.
– 레이먼드 조

고객을 이해하고 공감하라

한때는 유능한 영업맨이라면 에스키모에게 얼음을 팔고, 아프리카에서 난방기를 팔 수 있어야 한다고 했다. 회사와 영업맨의 입장에서 보면 팔수 없는 상황에서도 팔 수 있으니 매우 잘된 일이라고 여겨졌다. 반대로 생각해보면 에스키모에겐 흔한 게 얼음이고, 아프리카에서는 더워서 난리인데 에어컨도 아니고 난방기를 판다는 것은 비상식적이다. 그리고 설사 얼음을 사고, 난방기를 샀다고 치자. 에스키모는 얼음을 돈을 주고

살 필요가 있었을까? 아프리카에서는 난방기를 살 필요가 있었을까? 고객 입장에서 본다면 얼음과 난방기는 굳이 돈을 주고 살 필요가 없는 물건이다.

영업맨이 고객의 입장을 한 번이라도 생각했다면 그렇게 하지는 않을 것이다. 차라리 에스키모에게 난방기를 팔고, 아프리카에서는 얼음을 파는 게 고객에게 훨씬 필요하고 적절한 것이다. 영업맨에게 아무리 좋은 상품이 있더라도 고객에게 필요하지 않은 것을 판매하면 안 된다. 억지로 떠넘기듯 강매했다면 고객은 만족은커녕 불만만 쌓이고 두 번 다시 거래를 하지 않을 것이다. 거래를 한번 하고 말 것이 아니라면 고객을 먼저 생각해야 한다. 무조건 팔아서 수익을 낼 생각 보다는 고객의 입장에서 고객에게 꼭 필요한 물건을 팔아야 한다. 고객을 헤아리고 살피는 마음이 먼저 있어야 한다.

고객의 마음을 헤아리는 따뜻한 이야기가 있다. 구리 료헤이가 쓴 『우동 한 그릇』이란 책의 내용이다. 일본의 한 가정에 아버지가 교통사고로 사망해 빚더미에 앉은 세 모자가 있었다. 추운 겨울날 배가 고픈 세 모자는 우동가게에 들어왔다. 주머니에는 우동 한 그릇 사먹을 돈밖에 없었다. 세 명이 우동 한 그릇만 주문했고, 그 사정을 안 주인장은 3명이 넉넉히 먹을 수 있는 1인분을 내왔다. 맛있게 먹은 세 모자는 다음해에도, 그 다음해에도 계속 찾아 와서 우동 한 그릇을 먹고 갔다. 그러나 해가 지나면서 우동 가게는 가격을 높였어도 세 모자가 올 시간이 되면 기존 가격표를 붙여서 팔았다. 그러다 언제부터인가 세 모자는 찾아오지 않았다. 하지만 주인은 해마다 이맘때가 되면 세 모자가 앉았던 자리를 예약석으로 비워두었다. 몇 년이 지난 후 중년의 아주머니와 청년 둘이 찾아왔다. 큰 아들은 의사로, 작은 아들은 은행에 근무한다고 한다. 이 날은 우동 한 그릇이 아니라 세 그릇을 시켰다. 세 모자가 힘들 때에 따뜻하게 맞이해주고, 넉넉히 우동 한 그릇을 내준 것에 힘입어 열심히 살아서 빚도 다 갚고 이렇게 성공했다고 한다. 그리고 그때의 따뜻한 배려에 '감사'하다는 말도 빠뜨리지 않았다.

우동가게 주인의 따뜻한 배려로 세 모자는 힘을 얻어 성공하게 되었다. 식당에 3명이 가서 1인분만 시키면 주인은 화를 내며 안 판다고 할 수도 있다. 그러나 우동가게 주인은 한 그릇도 정성들여 팔았다. 그것도 세 명이 넉넉히 먹을 수 있는 한 그릇을 내어왔다. 이것은 내가 회사 주변의 칼국수 집에서 두 명이 1인분을 주문하여 문전박대 당한 것과 완전히 상반된다. 또한 주인의 아내가 세 그릇을 내어 주면 어떻겠냐는 제안도 거절했다.

한 그릇 값밖에 없는데 세 그릇을 내어주면 거지 취급을 받거나 부담을 가질 수 있다는 이유에서였다. 이렇게 세세하게 고객의 마음을 헤아려 부담이나 상처를 주지 않는 주인의 배려가 너무나 따뜻하다. 세 모자는 고객으로 와서 제대로 만족하고 감동까지 받았다. 해마다 겨울이면 찾아와서 고맙게 1인분을 시켜서 맛있게 먹고 가곤 했다. 1년에 한 번이지만 단골이 되었다. 이렇게 해마다 잊지 않고 올 수 있는 것은 우동 한 그릇이라도 편안히 먹을 수 있었기 때문이다.

장사를 하다보면 숫자만 바라보고 사람 머릿수만 세기 쉽다. 사람은 누구나 욕심이 있기에 어쩔 수 없는 현상이다. 하지만 성공을 위해선 고객의 특성에 맞게 배려를 할 수 있는 이해심과 공감능력을 길러야 한다. 비록 가격을 올렸지만, 세 모자에게 부담을 주기 않기 위해 기존 가격표를 붙여서 팔 수 있었던 것은 고객에 대한 이해와 배려심이 있었기 때문이다. 이런 모든 서비스에 감동한 세 모자는 열심히 노력해서 다시 찾아온다. "칭찬은 고래도 춤추게 한다."는 말처럼, 말 한 마디가 사람을 죽이고 살리고 한다.

주인의 따뜻한 인사말에 분발하여 세 모자가 성공도 할 수 있었다. 고객에게 자기 음식에 대한 파격적인 서비스뿐만 아니라, 인사말을 통해 기대하지 않았던 감동으로 고객의 인생까지 확 바꿀 수 있게 했다. 우동집 주인의 어디에도 없는 탁월한 서비스는 서비스인들이 본받을 만한 귀감이다.

고객은 변명을 듣고 싶지 않다

고객을 이해하고 마음을 읽을 수 있어야 한다. 그렇게 공감을 받은 고객은 자주 방문하게 되고 충성고객이 된다. 충성고객은 꾸준히 함께 가는 동반자이며 지속적인 수익 창출을 가능케 해준다. 고객의 마음을 잘 어루만져주면 매출증대에 따른 수익도 창출된다. 우리가 실수를 하더라도 사실대로 잘못을 인정하면 금세 마음이 풀리는 게 고객이다.

오래간만에 친구들과 모임이 있었다. 요즘은 3~4일이면 배달이 된다. 그런데 일주일이 지나도 배달이 되지 않아서 판매자 연락처로 전화를 했다. 그랬더니 곧 도착할거라는 말만 하고 끊었다. 이틀 후에 물건이 배달됐다. 기쁜 마음으로 개봉했다. 그런데 사이즈가 한 치수 큰 게 배달됐다. 혹시 내가 주문을 잘못했나 싶어서 주문서를 다시 확인했다. 주문이 잘못된 게 아니었다. 주문한 사이즈가 오지 않은 것이다. 다시 전화를 해서 차근차근 설명하자 교환신청을 하라는 대답만 돌아온다. 딱히 방법이 없어서 택배를 불러서 교환을 신청했다. 그 사이 친구들과의 모임 날이 다가왔다. 모임에는 기존에 입던 정장 차림으로 가야했다. 며칠 후 새로운 상품이 왔다. 그래서 이번에는 교환 말고 아예 취소했다.

사이즈나 색상을 주문한 것과 다른 것을 보냈으면 먼저 "죄송하다."고 사과를 해야 한다. 주문과 다른 물건이 배달된 것에 대해서 사과를 하고 고객의 양해를 구해야 한다. 얼마나 신속하게 처신을 잘 하느냐에 따라서 고객이 공감을 할 수 있다. 이러쿵저러쿵 변명을 하면 고객은 화만 난다. 고객이 바라는 것은 변명이 아니라 문제의 해결이다. 문제가 해결돼서 최초에 원했던 상품이나 서비스를 제공받는 것이다. 변명을 하는 것은 고객을 무시하고 속이는 것이나 다름없다. 그리고 변명을 계속하다 보면 문제를 해결하지 않기 때문에 스스로 발전이 없다. 고객관계에서 발생한 문제를 변명으로 일관하다 보면 개선은 되지 않고 반복적인 문제만 생긴다. 그런 변명을 받은 고객은 결국 떠나며 악순환이 계속될 수밖에 없다.

고객을 이해하고 공감할 수 있어야 한다. 고객에게 필요한 상품과 서비스를 팔아야 한다. 고객에게 필요하지 않은 상품과 서비스를 팔고 자화자찬하면 머지않아 고객을 잃게 될 뿐이다. 필요한 것을 제공하여 지속적인 관계를 유지하는 동반자 관계가 되어야 한다. 매출과 수익만 생각해서 고객의 마음을 전혀 헤아리지 않으면 고객은 떠난다. 고객의 입장에서 위로나 배려를 해 주어야 한다. 고객의 상처받은 마음을 어루만지고 공감해줄 때 고객은 감동한다.

감동을 한 고객은 지속적인 충성고객으로 매출과 수익에 큰 역할을 담당한다. 상품과 서비스에 하자가 있을 때에는 빨리 인정하고 잘못을 인정하라. 그렇지 않고 변명을 하면 고객은 실망하고 돌아선다. 고객의 마음은 변명에 전혀 움직이지 않는다. 솔직하게 인정하고 사과를 통해 공감을 얻어야 한다. 실수 자체를 싫어하는 것이 아니라, 그 실수를 덮으려고 하는 당당하지 못함에 실망하고 마음을 닫는다. 닫힌 마음에서 결코 지갑이 열리지 않는다.

34. 우동 한 그릇도 온 정성을 들여라

상품과 서비스에 하자가 있을 때에는 빨리 인정하고 잘못을 인정하라. 이 상태는 고객의 감정이 상하고 불만족한 상태이다.

변명을 하지 말고 사과를 하여 고객의 공감을 얻어내야 한다. 고객과 잘잘못을 따지고 이긴다고 한들, 그 결과는 고객이 떠나는 것이다. 고객을 이기기 보다는 공감으로 설득이나 감동케 해야 한다.

고객은 결코 큰 것을 원하지 않는다.
우리가 진심으로 다가서고 감정을 어루만질 때 공감을 한다.

6. 서비스를 해도 제대로 하라

무엇을 하든 제대로 하라. 건성으로 말고 철저히 하라.
일의 근본을 살펴라. 내가 보기엔, 절반만 한 것이나 절반만 알게 된 것은
결코 제대로 한 것도, 아는 것도 아니다.
아니, 종종 틀린 길로 이끌기 때문에 더 나쁘다.
– 체스터 필드 경

먼저 준비운동을 하고 물에 뛰어 들어라

"나무를 베려거든 도끼를 갈아라."는 말이 있다. 특히 링컨은 "내게 나무를 베는 시간이 8시간 주어진다면, 그 중 6시간은 도끼를 가는데 쓰겠다."고 했다. 충분히 갈아서 날이 선 도끼로 쉽게 나무를 벨 수 있다. 빨리 나무를 베겠다는 급한 마음이 앞서서 날이 무딘 도끼로 나무를 베면 힘만 든다. 그래서 나무를 베기는커녕 몇 번 휘두르다가 금방 지치고 만다. 일을 시작하기 전 중요한 것은 목표를 설정하는 것이다. 제대로 된

목표 설정 없이 일단 부딪쳐 보자는 식으로 밀어붙이면 방향을 잃고 우왕좌왕하기 일쑤다. 눈앞의 결과보다는 좀 더 멀리보고 더 큰 그림을 그릴 줄 알아야 한다. 멀리 내다보고 제대로 된 목표가 설정되었으면, 그때부터 한발 한발 나아가도 늦지 않는다. "시작은 미약하나 그 끝은 창대하리라."는 말처럼 훨씬 멋진 결과를 얻을 수 있다.

컴팩은 시장점유율이 하락하고 존망의 위기가 있었다. 이를 타개하기 위해 새로운 변화를 시작했다. 현재 최고의 기술이 있다고 하더라고 이에 그치지 않고 제품생산 기준과 가격을 고객에게 맞추었다. 이를 위해 자사제품과 타사제품을 비교해서 가격 결정에 영향을 미치는 특징들을 고객이 어떻게 느끼는지 알아보기 위해 설문 조사를 했다. "이런 특징을 가진 제품을 구매하기 위해 이 비용을 지불하시겠습니까?"에 대해 "예"라고 대답하면 그 특징은 남기고, "아니오"라고 대답하면 그 기능은 과감히 없앴다.

이 일을 하기 위해서 컴팩의 영업사원들은 고객의 파트너 역할을 하도록 훈련 받았다. 150명이 오전 9시부터 오후 5시까지 전화서비스를 해오던 것을, 인원을 1000명으로 늘리고 24시간 전화 서비스를 제공했다. 이렇게 해서 컴팩은 위기를 극복하고 다시 일어설 수 있었다. 바로 고객 중심 기업으로 전환했기 때문이다.

컴팩의 시장점유율이 하락했다는 것은 시장에서 고객이 줄어든다는 의미이다. 고객이 선택을 하지 않는 것은 컴팩의 제품이 고객을 매료시키지 못했기 때문이다. 아무리 자신의 제품이 탁월하고 우수하다고 공인하더라도 정작 제품을 사용하는 고객이 외면하면 아무런 의미가 없다. 경쟁자가 없는 상황에서는 고객이 선택의 여지가 없어서 자사품을 사용할 수 있다.

하지만 독점시장이 아니고 경쟁시장일 경우에는 서로 치열하게 경쟁해야 한다. 경쟁은 공급자끼리 하지만, 그 목표는 고객의 마음에 들게 해서 구매를 하게끔 해야 한다. 기업은 고객의 구매로 매출이 발생하고 수익이 창출된다. 그렇기에 모든 것 하나하나가 고객중심으로 돌아가야 한다. 고대 이집트인들은 값비싸고 귀한 물건을 먼저 신에게 예물로 바쳤다. 이렇게 신에게 예물을 바치는 마음과 정성으로 고객에게 상품과 서비스를 제공해야 한다.

무조건 만들어서 팔려고만 하면 안 된다. 무엇을 만들 것인지, 누구에게 팔 것인지에 대한 목표부터 정해야 한다. 제대로 된 준비 없이 하다가는 우왕좌왕하다가 죽도 밥도 안 된다. 컴팩이 처음에는 시장에서 독보적인 존재였지만, 하나둘씩 경쟁자가 생기면서 고객들은 외면하기 시작했다. 컴팩의 제품에는 고객들이 원하지 않은 것도 포함되어 패키지 식으로 마지못해 지불하는 경우도 있었다. 이를 해결하기 위해 직접 고객에게 설문조사를 하여 각 특징별로 살 의향이 있는지를 확인하고 제품들을 새롭게 라인업해서 재가동했다. 추가할 부분은 추가하고 뺄 부분은 생략해, 철저히 고객이 원하는 제품을 만들어 냈을 때 컴팩은 다시 일어설 수 있었다. 기업이 제대로 사업을 하는 것은 오로지 고객만을 바라보고 고객의 입장에서, 고객중심으로 생각하고 생산을 할 때이다. 매출과 이익만 추구하다 보면 고객이 외면하고, 수익은커녕 사망 선고와도 같은 폐업의 위기에 직면할 수 있다. 컴팩처럼 진짜 고객중심의 사업을 펼쳤을 때 다시 일어설 수 있고 10배, 100배 성장할 수 있다.

말로만 '고객중심'은 이제 그만

항상 고객을 생각하고 고객중심으로 나아갈 때 기업이 성장 가도를 달릴 수 있다. 기존에는 기업들이 고객들에게 상품과 서비스를 제공하는 것이 마치 은혜인 양 거드름을 피우기도 했다. 그러면서 고객 주머니의 돈은 쏙쏙 빼갔다. 그때는 물건이 귀하던 시절이니 수요공급의 원리에 따라 어쩌면 당연한 것일 수 있었다.

지금은 고객을 생각하지 않고는 그 어떤 기업도 생존하고 번창해 갈 수 없다. 고객중심의 마인드로 무장해야만 성장할 수 있다. 대부분 기업이 고객중심을 중요하게 생각한다. 하지만 정작 중요한 의사결정을 할 때는 고객이 아닌 기업중심이 되는 경우가 허다하다. 실제로 고객중심의 경영을 하는 기업은 3%에 불과하다고 한다. 아마존은 계획을 세우고, 의사를 결정하고, 실행하는 모든 단계에서 항상 '고객'에게 초점을 맞춰 진행한다. 아마존의 직원들이 아이디어를 낼 때는 4가지 내용에 대해서 작성하여 구체적인 아이디어를 만들어 낸다. 그 4가지는 첫째, 고객에게 더 좋은 경험을 주기 위해 풀어야 할 문제점. 둘째, 문제점을 해결하기 위한 방법과 결론. 셋째, 기존 해결방법과의 차이점. 넷째, 새로운 해결책이 고객에게 제공할 혜택 등이다. 이렇게 구체적으로 생각하면 고객중심의 아이디어가 나온다. 제대로 고객을 중심에 놓고 모든 일을 진행하고 있으므로 1등 기업이 될 수밖에 없다.

　고객중심으로 경영을 한다는 것은 말로는 참 쉽다. 그러기 때문에 실제로 고객중심으로 경영하는 곳은 3%밖에 되지 않는 것이다. 아마존은 고객만을 생각한 기업이다. 자포스를 인수했던 이유도 고객을 최우선으로 생각하는 자포스의 경영방침에 투자 가치를 느꼈기 때문이다. 아마존이 처음에는 천천히 출발했지만 초점을 고객에게 맞추다 보니 자연스레 승승장구하게 된 이유도 같다. 아마존은 도끼질을 급히 하지 않았다. 먼저 충분하게 도끼를 갈 줄 알았다. 목표와 방향, 고객에 대해서 충분히 고민한 후에 실행을 했다. 지금도 그런 고객중심이 직원들의 업무태도에 배어 있다. 새로운 아이디어를 하나 구상하더라도 아이디어의 중심에는 고객이 있다. 고객이 없는 기업은 생각할 수도 없다. 기업들이 고객에 대한 인식을 새롭게 해야 한다. 고객중심을 구호로만 외치다 보니 정작 중요한 의사결정을 하거나 제품이 출시될 때는 고객은 뒷전이고 공급자 중심의 의사결정만 거쳐 제품이 출시된다. 고객에 대한 이해가 충분하지 않은 탓도 있지만 조직문화의 영향이 클 수 있다.

기업의 조직문화가 고객중심의 조직으로 바뀌도록 리뉴얼해야 한다. 3% 외, 나머지 97%의 기업은 이런 기존 관행에 젖어 있다. 과감히 고객을 중심에 놓고 제대로 한번 바꿔 볼 필요가 있다. 먼저 실행하는 기업에게 기회가 돌아간다. 고객들은 분명 저 한 발짝 앞에서 고객을 바라봐 주기를 주머니를 열고 기다린다.

1등 가도를 달리는 기업이라도 고객을 무시하고 이익 위주로 경영했다간 하루아침에 몰락할 수 있다. 고객은 기업의 영향력에 무관하다. 그리고 고객은 흥정의 대상도 아니다. 코카콜라의 전 CEO 더글라스 아이베스터는 이렇게 말했다. "여름에는 코카콜라를 더 비싸게 팔 계획입니다. 더운 여름에 마시는 시원한 코카콜라를 찾는 사람이 많을 테니까요!" 그는 코카콜라 역사상 최연소 부사장을 거쳐 CEO에 올랐다. 하지만 그는 이 발언으로 고객들의 엄청난 분노와 많은 투자자들의 비난을 받으며 해고당하고 말았다.

그의 발언은 이론적으로는 맞다. 더운 여름에 시원한 코카콜라의 수요가 많으니 더 비싸게 팔아도 문제될 게 없어 보인다. 하지만 이로 인해 많은 충성고객들이 등을 돌리고 떠났다. 더운 여름날 고객의 갈증을 담보로 하여 가격을 올리려는 상술은 충분히 고객을 분노케 한다. 같은 결과라도 겨울에는 코카콜라를 싸게 판다고 했더라면 더 나을 수도 있었다. 등을 돌린 고객을 돌아서게 하는 데는 많은 노력과 시간이 필요하다. 아무리 잘 나가는 1등 기업이라도 고객을 무시해서는 더 이상 존재할 수 없다. 기업경영은 이론과 숫자만 보면서 할 수 없다. 고객의 마음을 제대로 알고 고객중심의 사업을 펼쳐야 굳건히 설 수 있다.

고객의 마음을 제대로 사로잡는다면 수백 배 크게 성공할 수 있다. 컴팩이나 아마존 등 대성공을 이룬 많은 기업들에게는 공통점이 있다. 바로 모든 기업 경영이 고객 중심으로 이루어진다는 것이다. 그러한 경영이 준비되지 않았을 때는, 나무를 베기 전에 충분히 도끼날을 가는 것처럼 고객중심의 마인드를 먼저 만들어야 한다. 당장의 매출이나 수익에 급급해서 코카콜라의 더글라스 CEO 같은 우를 범해서는 안 된다. 고객은 흥정의 대상도 아니고, 관리의 대상도 아니다. 기업이 제대로 성공하기 위한 지향점이 곧 고객이어야 한다.

35. 서비스를 해도 제대로 하라

나무를 베기 전에 충분히 도끼를 갈아야 한다. 그래야 힘들이지 않고 나무를 쉽게 벨 수 있다.

도끼를 가는 것과 마찬가지로 제품과 서비스를 출시하기 전에, 먼저 고객중심으로 마인드를 전환하여 고객이 원하고 필요로 하는 것을 파악해야 한다.

고객중심의 조직문화로 전환하여야 한다. 이것이 바로 제대로 준비하여 성공할 수 있는 토대를 만드는 것이다.

우리의 성공은 결코 우리스스로 완성할 수 없고, 고객이 담보하는 것이다.

7. 매출은 진정한 팬이 만든다

인생에 있어 최고의 행복은 우리가 사랑받고 있음을 확신하는 것이다.
– 빅토르 위고

진정한 팬 1명만 잡아라

군대 시절의 이야기다. 여름 장마철에 비가 많이 내려서 부대 계곡 하천에 토사와 돌멩이들이 가득 찼다. 150미터 정도 되는 계곡에 토사와 돌멩이를 치우러 작업을 갔다. 10명 정도가 삽과 야전삽을 가지고 작업을 했다. 몇 시간 작업을 해도 진척이 거의 없었다. 전혀 안 해본 일이었고, 흔한 목장갑도 끼지 않고 하니 금방 손바닥에 물집이 잡혀서 일하기가 힘들었다.

이런 속도로 하면 오늘 하루는커녕 몇날 며칠을 해도 해결될 수 없을 것 같았다. 보다 못한 선임하사가 공병대에 연락을 취해서 포크레인 지원을 요청했다. 세상에! 포크레인 한 대가 2시간 만에 모든 작업을 끝냈다. 10명이서 몇 시간을 끙끙대고 노력해도 진척이 없던 일을 정말로 한 방에 끝냈다. 허탈하기도 하고, 장비의 위력에 놀라기도 했다. 일을 할 때에 필요한 장비를 사용하면 훨씬 효율적으로 처리할 수 있음을 실감했다. 우리가 상품이나 서비스를 판매할 때에도 가끔 와서 찔끔찔끔 사 가는 고객보다 포크레인처럼 한 번에 왕창 사가거나, 반복적으로 꾸준히 와서 사가는 고객이 있으면 매출과 수익에 훨씬 큰 영향을 미친다.

뜨내기고객 99명 보다 충성고객 1명이 훨씬 낫다. 뜨내기고객은 지나가다가 가게에 들러서 물건을 사가는 경우이다. 꼭 우리 가게에서 사고 싶다는, 그리고 다음에 또 오겠다는 의지도 전혀 없다. 지금은 담배를 끊었지만, 담배를 피울 때에는 길을 가다 담배가 생각나면 그냥 주변의 아무 마트나 편의점에 가서 담배를 샀다. 그 가게에 있어 나는 뜨내기고객이 된다. 이처럼 뜨내기고객의 매출은 일회적이고 돌발적이다.

기업의 입장에서 뜨내기의 매출은 예측도 어렵고 종잡을 수가 없어서 선호하는 고객층이 아니다. 반면 단골고객은 자주, 그리고 반복적으로 방문하여 구매를 해주기 때문에 매출에 많은 영향을 미친다.

충성고객을 만드는 모든 노력들은 바로 고객을 만족시키는 데 있다.

20대 80 법칙이 있다. 이 법칙은 모든 영역에 적용이 된다. 고객의 매출 중 80%는 상위 20%의 고객이 구매를 한다. 나머지 80%의 고객이 20%의 매출을 일으킨다는 것은 그들을 뜨내기고객으로 볼 수도 있다. 상위 20%의 고객은 단골 충성고객으로 아주 소중한 고객이다. 마케팅이나 이벤트를 할 때에도 충성고객에게 많은 혜택이 돌아갈 수 있도록 설계해야 한다. 충성고객은 우리 브랜드나 상품에 매력을 가진 고객이다. 이들은 자신뿐만 아니라 주변에도 입소문이나 소개를 통하여 우리의 상품에 대해 홍보를 해준다. 충성고객은 충성고객 하나로 끝나는 것이 아니라 그 뒤에 수많은 다른 잠재고객들이 숨어 있다. 마치 고구마 줄기를 잡고 들어 올리면 고구마가 줄줄이 따라 올라오듯이 말이다. 충성고객이 신규고객뿐만 아니라 새로운 충성고객도 부를 수 있다.

충성고객을 만들려면 고객의 니즈를 잘 파악하여, 거기에 적합한 상품과 서비스를 개발해야 한다. 니즈를 파악하기 위해서는 시장조사기법과 고객의 소리를 활용하여 고객이 우리에게 공통적으로 요구하는 내용을 찾아내야 한다. 찾아낸 고객의 니즈를 상품으로 실현할 수 있도록 아이디어와 연구를 통해 브랜드를 출시해야 한다. 출시 전 고객 모니터링을 통해서 개선점을 개선한 후 정식 출시하는 것도 하나의 방법이다. 뿐만 아니라 상품 매장에서는 판매 서비스를 개발해서 고객이 편하고 기분 좋게 살 수 있는 분위기를 만들어야 한다. 고객은 나를 부자로 만들어 주는 신이라고 생각하고 정말 '신주'단지 모시듯 정성껏 대해야 한다. 아무리 훌륭하고 기능이 뛰어난 제품을 만들었다 하더라도, 매장 직원의 불친절한 응대로 인해 브랜드에 대한 이미지가 떨어지고 그에 따라 매출도 하락할 수 있다. 이렇듯 충성고객을 만들기 위해서는 어느 한 부서에서의 일이 아니라 전사적인 총력전으로 노력해야 한다. 이러한 노력은 결코 배신당하지 않는다.

잠재고객을 진정한 팬으로 만들어라

충성고객을 만드는 모든 노력들은 바로 고객을 만족시키는 데 있다. 결국 만족한 고객은 다음에도 또 찾아오는 충성고객이 된다. 충성고객은 스스로 태어나는 것이 아니다. 바로 우리의 절실한 노력으로 만들어진다. 오로지 고객을 만족시키겠다는 일념으로 각자의 역할에서 최선을 다할 때 고객은 우리의 상품과 서비스에 만족하고 충성고객이 된다. 특히 요즘은 고객만족을 넘어 고객감동, 고객졸도란 말이 나올 정도로 고객에 역량을 집중해야 하는 시기다.

특히나 경쟁이 치열해지는 상황에서는 더더구나 말할 필요도 없다. 또한 국경은 있어도 경제의 성역은 완전히 무너지고 세계가 하나가 된 글로벌 경제에서 살아남기 위해서는 고객만족밖에 없다. 고객만족은 충성고객을 배양하는 인큐베이터와 같다. 다행인 것은 고객만족은 우리의 역할로 해결할 수 있다는 것이다. 선택은 고객이 하지만 그 선택에 따른 만족감은 우리의 노력과 의지로 채워줄 수 있다.

모든 고객이 상품과 서비스에 만족하는 것은 아니다. 사람마다 취향이 다르기 때문에 어쩔 수 없다. 하지만 우리 상품과 서비스에 대한 불만이 생긴 고객에 대해서 이해와 공감을 통해서 만족하게 할 수도 있다. 스마트폰이나 전자기기를 구매하면 사용설명서가 한 권의 매뉴얼로 된 경우가 많다. 그 매뉴얼 책자를 꼼꼼히 읽어보고 사용하는 사람은 많지 않을 것이다. 나도 제품을 구매하면 매뉴얼은 볼 생각도 하지 않고, 기기만 이것저것 눌러보고 작동을 시켜 본다. 그러다가 내가 원했던 반응이 나오지 않으면, 그때부터 살짝 화가 나고 불량품이 아닌가 하는 의심이 생긴다. 몇 시간을 끙끙대고 해보다가 결국은 해당 회사 콜센터에 전화를 한다. 처음에는 불량품이란 선입견이 생겨서 목소리를 높이다가, 차분하고 침착하게 응대해주는 직원의 노력에 감동한다. 문제가 해결되었을 때 내 목소리는 한 옥타브 낮아져 있다. 그리고 마지막에 감사하다는 말을 잊지 않고 끊는다.

콜센터에 걸려오는 전화 중 민원이 발생하는 경우는 처음에는 문의를 하려다가 직원의 업무지식 미흡에 따른 오응대나 불친절한 태도로 인해서이다. 그렇지만 정중한 사과를 통해 초기에 해결할 수 있다. 발생한 민원에 대해 신속하게 처리를 해주면 오히려 감사하게 생각하고 불만을 가졌던 고객이 충성고객으로 되기도 한다. 민원은 항상 고객접점에서 발생하기 마련이다. 발생한 민원을 신속하게 해결하기 위해서는 접점 직원에게 보다 많은 재량권을 위임해야 한다. 재량권이 제대로 위임이 되지 않아 시간이 지체되다 보면 오히려 초기에 해결했으면 들었을 비용보다 훨씬 더 큰 비용을 소모하고 기업 이미지를 구긴 후에야 일이 마무리된다.

보다 더 중요한 사실은 불만을 가지고 민원을 제기한 고객에게 신속하고 정중하게 해결해주면 오히려 더 열성적인 충성고객이 된다는 것이다. 또한 회사에 직접 전화하는 고객은 그만큼 상품과 서비스에 관심이 있기 때문에 발생한 문제를 개선하거나 해결해주면 지속적으로 머물 수 있다. 그렇기 때문에 처음부터 만족하는 고객을 충성고객으로 쭉 이어가는 것도 좋지만, 만족하지 못한 고객의 불만내용을 잘 들어 해결해도 충성고객으로 변할 가능성이 크다는 것이다.

블로그, 페이스북 등 SNS을 통해서 우리 상품과 서비스를 전파해 주변의 잠재고객들을 우리의 영역으로 끌어들여야 한다. 이렇게 끌어들인 고객들도 충성고객으로 만들기 위해 다양한 방법으로 마케팅을 활용해야 한다. 주의할 것은 신규고객들을 유치하기 위해서 기존의 고객보다 더 많은 혜택을 줘서는 안 된다는 것이다. 당장의 이득을 위해 신규고객만 챙기고 기존 고객을 소홀히 대하면 기존 고객은 등을 돌려 이탈할 수 있다. 그러므로 신규고객에 대한 혜택의 최대치는 기존고객보다 같거나 낮게 책정해야 한다. 신규고객에게 더 많은 혜택을 준다고 하더라도 반복적인 구매를 한다는 보장은 없다. 그런 리스크를 감수하며 신규고객에게만 많은 혜택을 줘서 기존고객이 이탈하는 정책은 지양해야 한다.

충성고객이 매출을 많이 올린다. 아무리 뜨내기고객이 많다고 하더라도 그 매출은 한계가 있다. 남대문시장이나 동대문시장에 한번 들리는 뜨내기고객이 많더라도 그들의 매출은 얼마 되지 않는다. 시장의 왁자지껄한 분위기만 만들 뿐이다. 진짜 매출은 대량으로 도매로 떼어가는 고정고객들이다. 이들의 매출이 거의 대부분을 차지한다. 자주 반복적으로 방문하는 충성고객을 잘 모셔야 하는 이유가 여기에 있다. 충성고객을 만들기 위해서는 니즈를 잘 파악하여 거기에 맞는 상품과 서비스를 만들어 제공해야 한다. 불만을 가진 고객들도 진심으로 문제를 해결해 주면 충성고객이 된다. 새로운 충성고객을 늘리는 것도 중요하지만, 충성고객보다 신규고객에게 더 많은 혜택을 제공하여 충성고객이 이탈하는 경우 역시 막아야 한다. 충성고객이 우리의 매출과 수익 대부분을 창출해주며, 우리 존재의 기반임을 명심해야 한다.

38. 매출은 진정한 팬이 만든다

99명의 뜨내기 고객보다 1명의 충성고객이 훨씬 더 많은 이익을 가져 준다.

뜨내기 고객은 말 그대로 1회적인 구매를 하기 때문에 지속성이 없다. 하지만 충성고객은 지속적이고 반복적인 구매를 하기 때문에 지속성장 에 지대한 공헌을 한다.

신규고객을 늘이려고 무리하게 기존고객보다 유리한 우대혜택을 주 면, 결국 기존 고객은 떠날 수 있다. 마치 굴러온 돌이 박힌 돌 캐 내듯이 말이다.

기존고객을 꽉 잡아야 한다.
이들이 바로 매출을 올리는 충성고객이다.

エ

결코 배신하지 않을 당신의 진정한 팬을 만들어라!

고객의 감성을 책임져라

나는 신용카드회사에서 18년간 근무했다. 10년이면 강산이 변한다는데, 강산이 두 번 변하는 시절을 신용카드회사에서 근무하면서 많은 경험을 했다. 수많은 업무경험 중에서 가장 기억에 남는 업무 중 하나가 바로 CS업무이다. 처음에 CS팀으로 발령이 났을 때는 CS팀명에 대한 개념도 제대로 서지 않았었다. CS는 Customer Satisfaction의 약자로, 흔히들 고객만족이라고 한다. 발령을 받았던 당시에는 Customer Service로 이해하고 있었다. 정확한 영문팀명을 알았을 때는 얼굴이 화끈거릴 정도로 부끄럽고 민망했다.

이런 부끄러움과 민망함을 극복하기 위해서 더 열심히 업무를 배우고 익혀나갔다. 그러면서 해결되지 않는 갈증을 채우기 위해 관련 도서를

50여 권 가량 섭렵했다. 책을 한 권씩 읽어 나갈 때마다 나 자신이 의식적으로 변화됨을 알았다. 그것은 바로 서비스인으로 다시 태어남에 대한 경험이었다. CS의 시작은 Customer Service로 고객에게 친절하게 대하는 것이 목적인 때가 있었다. 그러나 상품과 서비스의 만족도가 따르지 않으면 몸과 따로 노는 어색한 옷을 입은 느낌이 드는 것이 친절이다. 이러한 문제점을 해결하고자 Customer Satisfaction으로 재무장하여 고객만족을 목표로 모든 시스템을 재구성하게 된다. 하지만 이것도 잠시, 이제 고객만족은 기본이며 상품과 서비스 외에 고객들은 그 이상을 요구하게 되었다. 고객은 감성을 자극하고 뭉클하게 하는 것까지 요구했다. Customer Surprise 고객감동이 바로 그것이다. 이제는 고객에게 단순히 물건만 팔고 만족시키기에 급급해서는 안 되고, 고객의 감성까지도 책임을 질 수 있어야 한다.

고객의 의견을 적극 수용하라

이처럼 시대의 변화에 따라 CS의 의미도 다양하게 변하고 진화하여 왔다. 변화의 중심에는 항상 고객이 있었다. 아무리 잘 나가는 기업이라도 고객이 없으면 더 이상 존재할 수가 없다. 기업은 수익 창출을 위해서 존재한다. 수익 창출을 위해서 자본을 투자하고 직원을 고용하여 각고의 노력을 한다. 이러한 노력은 결국 고객에게 자신의 상품을 판매하기 위함이다. 고객이 상품을 구매해줘야 매출이 발생하고 수익을 창출한다.

아무리 많은 투자와 직원들의 노력이 있었더라도, 고객들이 외면하고 구매해주지 않는다면 기업은 하루아침에 망할 수도 있다. 그래서 고객의 니즈를 잘 반영한 상품을 만들어내야 한다. 고객의 의견을 적극적으로 수용하고, 수용된 의견을 상품과 서비스에 즉각적으로 반영하는 기업이 고객의 사랑을 받을 수 있다.

고객의 사랑을 받는 상품과 서비스를 제공할 때에 고객은 만족하고 감동으로까지 이어진다. 그렇게 감동한 고객들은 어쩌다 한번 들리는 뜨내기고객이 아니라 자주 다시 찾아오는 충성고객으로 바뀐다. 기업의 지속가능한 성장을 이끌어주는 고객이 바로 충성고객이다. 상위 20% 고객의 매출이 전체 매출의 80%를 차지한다는 파레토의 법칙처럼, 충성고객이 대부분의 매출과 수익에 기여한다. 그렇기 때문에 기업은 결코 배신하지 않을 충성고객을 만들어야 한다. 하지만, 충성고객은 타고나는 것이 아니다. 결국 고객을 다시 찾게 하는 것은 상품과 서비스를 제공하는 기업이다. 고객을 향한 끊임없는 노력이 고객을 뜨내기고객에서 충성고객으로 만드는 것이다.

열정적 팬을 선점해야 지속적으로 성장한다

이 책에서는 CS 현장에서 누구나 겪을 만한 사례를 소개하여 CS를 좀더 쉽게 이해하고 실천할 수 있게 구성했다. 내가 회사에서 CS교육을 할 때에 가장 큰 고민이 "어떻게 하면 쉽고 재미있게 전달 할 수 있을까?" 였다. 그러다 보니 회사의 사례는 물론 타사의 사례도 수집하고 연구할 수 있었다. 목차별 사례를 읽고 결론의 주제 내용을 파악하면 이해하는 데 도움이 된다. 또한 요즘은 4차 산업혁명 시대로 모든 기업들이 여기에 포커스를 맞추고 새로운 도약과 성장을 기대하고 있다.

지금 이러한 분위기는 1990년대 후반, IT혁명이 한창일 때의 분위기와 비슷하다. IT의 버블이 꺼지고 많은 기업들이 도산하며 경제가 휘청했던 기억이 아직도 생생하다. 너도나도 IT기업을 하나 만들면 성공신화가 창조된다는 막연한 꿈을 가지고 있었던 것 같다. 정작 자기의 상품과 서비스를 구매해주는 고객은 등한시하면서 말이다. 지금의 4차 산업혁명도 고객을 외면한 채 공급자 중심의 상품과 서비스 개발로 이어질까 우려된다. 고객의 니즈를 선점하여 상품과 서비스를 개발해야, 고객만족과 감동으로 이어질 수 있다. 고객만족과 감동으로 충성고객을 선점해야 4차 산업혁명에서도 지속 가능한 성장을 할 수 있다. 이 책을 읽어가다 보면 고객, 특히 충성고객이 왜 중요한가에 대해서 알 수 있을 것이다. 99명의 뜨내기고객보다 1명의 충성고객이 소중하다는 것을 명심해야 한다.

나의 경험과 노력이 책으로 완성될 수 있었던 것은, 꾸준히 날 믿고 응원해 준 아내와 아들이 있었기 때문이다. 아내 정애와 아들 우주에게 깊은 사랑의 마음을 전한다. 또한 우리 회사가 아니었더라면 다양한 업무 경험과 CS에 대한 경험을 못했을 텐데, 소중한 경험을 통해 출판을 하게 된 것에도 감사하다.

잠을 안 자고도 집중하여 책을 쓸 수 있었던 것은 하나님의 은혜가 아니었으면 불가능했다. 이 책으로 인한 모든 은혜는 하나님으로부터 받은 것이기에 모든 영광을 하나님께 드린다.